糖質オフ・アレルギーでも！
材料を混ぜて焼くだけの
かんたん・おなか満足レシピ

ポリ袋でつくる

たかこさんのマフィン・スコーン・パン

稲田多佳子

誠文堂新光社

はじめに

　前作『ポリ袋でつくる たかこさんの焼き菓子』を手に取ってくださった読者の方から、「難しい、たいへんと思っていたお菓子作りのハードルがうんと下がりました」「毎日のおやつを手作りするようになりました」「とにかく洗い物が少なく台所も汚れないので助かっています」など、たくさんの反響が届きました。

　「あまりにかんたんにできるので、作る回数が増えて太りそうで困っています」なんていううれしい悲鳴も。そうなんですよね、お菓子作りは楽しいし、甘いものは食べたいけれど、美容のこと健康のことを考えると、やはり気になってくるのは小麦粉、砂糖などの糖質や油脂分。糖質オフ、グルテンフリーなどのキーワードもよく聞こえてくる近頃、意識せずにはいられないのが正直なところです。

　だからといって、それらをすべて極端に制限したり、やめてしまったりするのは至難の業。ストレスによるリバウンドを何度も経験しているわたしの実感としては、短期間の大きながんばりより、小さな工夫、少し気遣うことを長く意識し続けることが美容にも健康にも大事なことなのかなと思うようになりました。

わたしが作りたいのは、空腹を満たすだけの甘くないお菓子ではなくて、穏やかな甘さをきちんと感じられて、心が満ち足りるお菓子。この本では、いつも食べ慣れているお菓子とそう変わらないおいしさを維持し、普段と同じ量で満足感を得られる無理のない配合を探りました。

　糖質やグルテンを控えたい方のために、ベースとなる粉には、薄力粉のほか大豆粉、米粉、アーモンドパウダーなどを使い、油脂はバターではなく、初心者の方でも扱いのラクな植物油を採用。ヨーグルトや牛乳は豆乳製品に置き換えOK。豆腐を使ったレシピもたくさん紹介しているので、乳製品が気になる方は摂取を控えることもできます。また、雑穀やナッツ類、酒粕や塩麹、甘酒などの発酵食品、はちみつなど、体によいとされる材料も、いろいろおいしくなるように採り入れています。

　口に入る材料を選べること、好みに合わせて分量を加減できるのは、自分で作るからこその強みです。体にも心にもやさしいお菓子を、ポリ袋でかんたんに。おいしい幸せをあきらめない毎日を、がんばりすぎることなく楽しんでいただけますように。

稲田多佳子

もくじ

🟡 =大豆粉を使用しているレシピ
⬜ =米粉を使用しているレシピ

はじめに 2
おいしく作るためのベーシックルール 6
基本の道具 8
計量と下準備 9
基本の粉類 10
その他の基本の材料 11

Chapter 1 甘さ控えめ、ヘルシーがうれしい マフィンと蒸しパン

くるみ×けしの実のマフィン 14
アーモンド×ハイカカオチョコのマフィン 16
レモン×バジルのマフィン 17
サバ×アボカドのマフィンサレ 18
🟡 ヘーゼルナッツの大豆粉ココアマフィン 20
🟡 生姜×黒糖の大豆粉マフィン 22
🟡 マルチシリアル×クリームチーズの大豆粉マフィン 23
⬜ ラズベリーの米粉マフィン 24
⬜ 胡麻×玄米粉の米粉マフィン 26
⬜ りんご×蕎麦粉の米粉マフィン 27
刻みハイカカオチョコの蒸しパン 28
紅茶の蒸しパン 30
ココナッツの蒸しパン 31
たまご蒸しパン 32
⬜ 抹茶の米粉蒸しパン 34
⬜ お味噌の米粉蒸しパン 36
⬜ 紫いもの米粉蒸しパン 37

Chapter 2 フライパンでもっとらくちん！ ケーキとパン

メープルケーキ 40
バナナケーキ 42
ほうじ茶ケーキ 43
パイナップル×烏龍茶のアップサイドダウンケーキ 44
🟡 カシューナッツの大豆粉ケーキ 46
⬜ かぼちゃの米粉ケーキ 47
コーングリッツのパン 48
クレソンのパン 50
トマトのパン 51
アマニローストのパン 52

ブラックオリーブのパン　53
ゴーダチーズ×黒糖のパン　54
マカダミアナッツのパン　56
シードミックス×いちじくのパン　57

Chapter 3　お豆腐で作る さっくりスコーンとふんわりケーキ

プレーンの豆腐スコーン　60
グラハム粉×カカオニブの豆腐スコーン　62
オートミール×クランベリーの豆腐スコーン　63
黒胡麻の豆腐ロールスコーン　64
きな粉×全粒粉の大豆粉豆腐スコーン　66
酒粕×生姜の米粉豆腐スコーン　68
サラダ豆×黒胡椒の豆腐スコーンクッキー　70
全粒粉×チェダーチーズの大豆粉豆腐スコーンクッキー　72
ライ麦粉×プルーンの大豆粉豆腐スコーンクッキー　73
コーヒーマーブルの豆腐ケーキ　74
キウイの豆腐ケーキ　76
グレープフルーツの豆腐ケーキ　77
クランブル×ブルーベリーの豆腐ケーキ　78
酒粕×くるみの大豆粉豆腐ケーキ　80
酒粕×小豆の米粉豆腐ケーキ　81
ココアで作る豆腐チョコレートケーキ　82
バナナ×ラムレーズンのレアチョコレートデザート　84

Chapter 4　ヘルシークリームでまったりと幸せな ケーキ、マフィン、スコーン

ヘーゼルナッツのケーキ＋コーヒー豆腐クリーム　88　※大豆粉、米粉レシピも紹介。
プレーンマフィン＋いちご豆腐クリーム　90
クリームチーズ入りスコーン＋抹茶豆腐クリーム　92
シナモンの豆腐ロールスコーン＋ラムヨーグルトクリーム　94
ポピーシードの豆腐ケーキ＋レモンヨーグルトクリーム＋アプリコットジャム　95

レシピの決まり
・レシピ内の大さじは15ml、小さじ1は5mlです。
・塩の分量で、ひとつまみは親指、人さし指、中指の3本の指先でつまんだ量です。少々は親指と人さし指の2本の指先でつまんだ量です。
・オーブンはガスオーブン、コンロはガスコンロを使用しています。機種や熱源によって火力や焼き時間に違いがでるので、様子を見ながら加減してください。
・表記の順とは、材料表記の上から下、または左から右の順です。
・ケーキを焼くフライパンは、樹脂加工されたものを使用しています。

「ボウルを使って作りたい」時のために、ボウルを使って作る方法も一部解説しています。

おいしく作るためのベーシックルール

🧁 マフィン／ケーキ

1

ポリ袋に粉類を入れる
食品用ポリ袋に材料の粉類をすべて入れ、空気が入った状態で袋の口を4～6回ねじり、しっかり閉じます。

2

50回以上振る
前後左右に50回以上振ります。これが粉類をふるう作業になります。塊がある時は外から指でつぶします。

3

液体類を入れて振る
2の袋の口をあけ、材料の液体類を混ぜ合わせたものを入れて再び袋の口をねじり、20～30回程度振ります。

4

空気を抜く
3の袋の口をあけ、手の平でポリ袋の中の空気を抜きます。こうすることで、次のプロセスがやりやすくなります。

5

外から揉む
再び袋の口をねじるかひと結びして、なめらかになるまで50～60回程度揉み混ぜます。塊があれば外からつぶしながら揉み混ぜます。

6

型にしぼり出す
ポリ袋の隅をキッチンばさみで切って、用意しておいた型にしぼり出します。小さな型の時は小さめに、大きな型の時は大きめに袋の隅を切るとよいです。

「不器用だけれど大丈夫かしら」「初めてポリ袋を使うレシピで失敗しないかしら」……。
そんな心配は要りません。まずはかんたんな基本のルールを見ておきましょう。
お菓子作りもパン作りもテンポよくスムーズに進みます。

スコーン

1 粉ふるいまではマフィンと同様

粉ふるいまではマフィンと同様です（左頁1・2）。液体類を加えたら、大きな塊ができるくらい〜ほぼまとまるくらいまで振り混ぜ、軽く揉みます。

2 2辺を切り開く

袋に生地がほぼつかなくなったら、ポリ袋の2辺を切り開きます。ポリ袋は、成形する際の作業シートになります。

3 成形する

四角く作るスコーンでは、生地を2つ折りにしてのすことを数回繰り返しながら成形すると、形が作りやすいです。

パン

1 粉類は振り混ぜなくてもOK

> ポリ袋が破れないように注意しましょう

材料をすべて入れたら空気を抜き、揉み混ぜます。その後、袋の内側についた生地を、カードや指で袋の底にまとめます。

2 ポリ袋の中で発酵させる

> オーブンの発酵機能を使ってもOK

空気を入れ、袋の口を結ぶかクリップなどで留め、生地が1.5〜2倍に膨らむまで、暖かい所で一次発酵させます。

3 フライパンにしぼり出す

> ゴムベラ不要

袋の角を大きめにカットして、ホイルシートを敷いたフライパンにしぼり落とします。

基本の道具

本書で主に使用する基本的な型と道具です。レシピに合わせて準備しましょう。

1 マフィン型／直径7cm×深さ3cmの型が6個連結されているものを使用。同じサイズのプリンカップや紙製の型でもOK。2 グラシンカップ／耐熱性と耐水性に優れた薄いグラシン紙でできています。マフィン型のサイズに合うものを。3 ココット型／直径7cmの陶器製。同じサイズのステンレスやアルミのカップでも代用可能ですが、陶器製は重みがあるため安定しやすい。4 ホーローバット／縦21cm×横16.5cm×深さ3cm、野田琺瑯のキャビネサイズ。5 ボウル／直接ボウルに材料を入れるのではなく、ポリ袋をボウルにかぶせてポリ袋を安定させるために使用。丼などでもOK。6 デジタルスケール／1g単位で量れるものがお菓子作りには便利。7 めん棒／スコーンの表面を整えたり、ナッツを砕いたりする時に使用。8 オーブンシート／敷き紙としてホーローバットや天板に敷きます。紙製が便利。9 ホイルシート／フライパンの敷き紙として。紙よりも耐熱性があるため安全。必ずくっつかない加工が施してあるものを。10 ポリ袋／縦30cm×横25cm、「中」や「Mサイズ」とされている一般的な食品用ポリ袋。厚さは0.02mm以上のものを。11 計量スプーン／大さじ1と小さじ1。ほかに、小さじ1/2、1/4もあると重宝します。12 計量カップ／液体材料を入れる容器として。本書では満水容量450mlのものを使用。作るお菓子に応じて必要なカップの大きさを選んで。丈夫なグラスやマグカップなどでも可。13 キッチンばさみ／ポリ袋の端を切ったり、オーブンシートを型に合わせて切ったりする時に使います。

計量と下準備

材料をきちんと量ることは、上手に作るための第一歩です。お菓子やパンを焼く前の下準備の方法もご紹介します。

粉類、液体類を計量する

1
ボウルなどの器にポリ袋をかぶせてスケールにのせ、表示を0にセットします。

2
粉類を1種類入れ終わるごとに表示を0にリセットして、残りの粉類を入れていきます。

3
液体類も粉類と同様です。計量カップの中に表示を0にリセットしながら材料を入れていきます。

ホーローバットに紙を敷く

1
バットの底面に合わせてオーブンシートをざっと折ります。

2
バットの外に出し、しっかりと4辺の折り筋をつけます。

3
4角の折り筋を、1辺ずつ4カ所切ります。

4
バットにセットします。

フライパンにホイルシートを敷く

1
フライパンの直径よりも大きめに切ったホイルをフライパンにのせ、底をしっかり押さえフィットさせます。

2
ここにパンやケーキの生地を入れて焼きます。

基本の粉類

本書で使用したお菓子、パンのベースとなります。下の銘柄がおすすめですが、手に入るもの、お好みのもので大丈夫です。

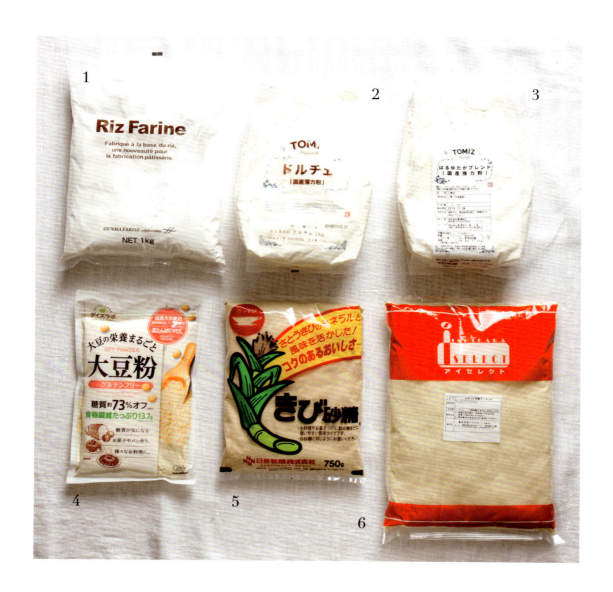

1 米粉／米を粉に加工したもの。グルテンフリー。もち米を製粉した白玉粉、うるち米を製粉した上新粉など、米粉にも数多くの種類がありますが、お菓子には「製菓用」とされているものを選んでください。本書では特にキメが細かく軽く仕上がる「リ・ファリーヌ」を使用しました。 2 薄力粉／きたほなみという品種から作られた国産（北海道産）の「ドルチェ」（江別製粉）を使用しました。小麦の風味がしっかりと感じられる、焼き菓子にぴったりのおいしい粉です。 3 強力粉／春豊をベースにブレンドされた国産（北海道産）の「はるゆたかブレンド」（江別製粉）を使用しました。味わい深さの中に甘みのある、しっとりとした香り高い粉です。 4 大豆粉／大豆を粉に加工したもので、たんぱく質と食物繊維を豊富に含むだけではなく、小麦粉に比べてかなり低糖質。グルテンフリー。香ばしい味わいと独特の風味がありますが、使い慣れること、食べ慣れることで、新しいお菓子のおいしさを発見できると思います。本書ではマルコメ製「ダイズラボの大豆粉」を使用しました。 5 きび砂糖／穏やかで自然な色と甘みが特徴です。本書では入手しやすい日新製糖のきび砂糖を使用しました。グラニュー糖でもかまいません。 6 アーモンドパウダー／アーモンドを粉状にしたもの。アーモンドプードルとも呼ばれます。ナッツのコクが加わり、お菓子がリッチな味わいになります。

その他の基本の材料

左のページでご紹介している粉類のほかに、こんな基本の材料を使用しました。

1 胡麻油／胡麻を煎らず生のまま搾られた「太白胡麻油」。色と香りがなくて使いやすいです。また、高温加熱に強く酸化しにくくヘルシー。2 ひまわり油／昭和産業の「オレインリッチ」。さらりと軽やかでどんなお菓子にも向きます。オレイン酸たっぷり、コレステロールゼロでビタミンEも豊富。3 オリーブオイル／塩気の効いた甘くないお菓子にはオリーブオイルがおすすめ。エキストラバージンで香りや風味に個性の強すぎないものを。4 卵／Lサイズ、正味重量は約60g。5 牛乳／成分無調整、適度なコクのあるもの。6 はちみつ／調整されたものではなく、純粋なものがおすすめ。7 塩／精製されていない、できれば天然の塩を。8 ベーキングパウダー／アルミニウムフリーが安心なラムフォード社のものを使用。9 インスタントドライイースト／ポピュラーな「サフインスタントドライイースト（赤）」を使用。10 ヨーグルト／無糖のプレーンタイプ。酸味が穏やかな小岩井乳業の「生乳100％ヨーグルト」を使用。11 豆腐／やわらかな絹ごしタイプで、豆腐クリーム以外は水切りせず使います。

レシピの牛乳は豆乳に、ヨーグルトは豆乳ヨーグルトに置き換え可。

Chapter 1

甘さ控えめ、ヘルシーがうれしい
マフィンと蒸しパン

朝ごはんに、おやつにと、
毎日でも作りたくなるマフィンと蒸しパンだから、
体にやさしい材料と配合を意識して、甘さを控えて作りました。
その日のうちに、おいしいうちに食べ切ってしまうお菓子には、
たくさんのお砂糖や油脂分はそんなに必要ないと思うのです。
日持ちのことや、だれかに贈ることなどを考えるのなら、
砂糖やバターを適度にしっかり使ったリッチで
保存性のよいレシピがいいけれど、
思い立った時にサッと作って家庭でパッと消費するのなら、
砂糖や油脂控えめの軽やかなレシピを選びたいですよね。
レシピを使い分け、作り分けて、体思いのおやつ時間を。

くるみ×けしの実のマフィン

香ばしいくるみをたっぷりと混ぜ込んだ、素朴なマフィンです。
心地よい軽やかな歯ごたえが、食べた時の満足感につながります。
表面にふったブルーポピーシードのプチプチ食感も合わせて楽しんで。

材料（直径7cmのマフィン型6個分）

A 薄力粉…110g
　ベーキングパウダー…小さじ1
　きび砂糖…45g
　塩…ひとつまみ
B 卵…1個
　植物油…50g
　ヨーグルト…60g
　牛乳…50g
くるみ…70g
ブルーポピーシード…適量

下準備

・卵は室温に戻す。
・くるみはポリ袋に入れ、めん棒で叩いて粗く砕く。
・マフィン型にグラシンカップを敷く。
・オーブンを170℃に温める。

作り方

1. くるみを砕いたものとは別のポリ袋にAを入れ、袋の口をねじってしっかりと閉じ、よく振ってふるい合わせる。
2. カップにBを入れてフォークでよく混ぜ、1に加える。くるみも加える。
3. 袋の口をねじってしっかりと閉じ、振り混ぜて材料をなじませた後、袋の外側から生地を揉み混ぜて、まんべんなくなめらかな状態にする。
4. 袋の隅をキッチンばさみで切って生地を型に入れ、ブルーポピーシードを散らし、170℃のオーブンで23分ほど焼く。

PROCESS

ボウルで作る場合

① ボウルにBを入れて泡立て器でよく混ぜ、きび砂糖と塩も加えてよく混ぜる。
② 薄力粉とベーキングパウダーを合わせて①にふるい入れ、くるみも加えてなめらかに混ぜる。
③ ゴムベラで型に入れ、ポリ袋で作るプロセス4と同様に焼く。

アーモンド×ハイカカオチョコのマフィン

アーモンドにはビタミンEとミネラルが、
ハイカカオチョコレートにはカカオポリフェノールが豊富に含まれています。
いずれも優れた抗酸化作用を持つ食材です。美容にも効きそうなおやつをどうぞ。

材料（直径7cmのマフィン型6個分）

A 薄力粉…110g
　ベーキングパウダー…小さじ1
　きび砂糖…45g　塩…ひとつまみ
B 卵…1個　植物油…50g
　ヨーグルト…60g　牛乳…50g
アーモンド（ロースト）…60g
板チョコレート（カカオ分70％以上）…60g

下準備

・卵は室温に戻す。
・アーモンドはポリ袋に入れ、めん棒で叩いて
　粗く砕く。トッピング用に少し取り分けておく。
・マフィン型にグラシンカップを敷く。
・オーブンを170℃に温める。

作り方

1　アーモンドを砕いたものとは別のポリ袋にAとアーモンドを入れ、袋の口をねじってしっかりと閉じ、よく振ってふるい合わせる。

2　カップにBを入れてフォークでよく混ぜ、1に加える。

3　袋の口をねじってしっかりと閉じ、振り混ぜて材料をなじませた後、袋の外側から生地を揉み混ぜて、まんべんなくなめらかな状態にする。

4　袋の隅をキッチンばさみで切って生地を型に入れ、板チョコレートを割って適量ずつさし込む。取り分けておいたアーモンドを散らし、170℃のオーブンで23分ほど焼く。

 ## レモン×バジルのマフィン

レモンとバジル。フルーツとハーブのさわやかな香りを掛け合わせました。
ハーブはバジルのほか、ローズマリーやディル、大葉などを使っても
おもしろい仕上がりになります。

材料（直径7cmのマフィン型6個分）

A 薄力粉…110g
　ベーキングパウダー…小さじ1
　きび砂糖…45g　塩…ひとつまみ
B 卵…1個　植物油…50g　ヨーグルト…55g
　牛乳…50g
レモン…約1個　バジル…5〜6枚

下準備

・卵は室温に戻す。
・レモンは表皮をすりおろした後、残った皮と
　白い部分をむいて薄くスライスする。
　トッピングの分を取り分け、残りはざっと刻む。
・バジルは粗みじんに切る。
・マフィン型にグラシンカップを敷く。
・オーブンを170℃に温める。

作り方

1. ポリ袋にAを入れ、袋の口をねじってしっかりと閉じ、よく振ってふるい合わせる。
2. カップにBを入れてフォークでよく混ぜ、1に加える。レモンの表皮、バジルも加える。
3. 袋の口をねじってしっかりと閉じ、振り混ぜて材料をなじませた後、袋の外側から生地を揉み混ぜて、まんべんなくなめらかな状態にする。
4. 袋の隅をキッチンばさみで切って生地を型に入れ、刻んだレモンを等分に埋める。スライスしたレモンを1〜2枚ずつのせ、170℃のオーブンで23分ほど焼く。

サバ×アボカドのマフィンサレ

美容と健康効果がことのほか高いことで近年人気なサバ缶と、食べる美容液とも称される女子にうれしいアボカドを使った、朝食にもおやつにもおつまみにもよい塩味タイプのマフィンです。植物油はオリーブオイルがおすすめ。

材料（直径7cmのマフィン型6個分）

A 薄力粉…110g
　ベーキングパウダー…小さじ1
　きび砂糖…10g
　塩…小さじ1/3
B 卵…1個
　植物油…50g
　ヨーグルト…50g
　牛乳…50g
サバ缶（オイル漬け）…1缶
アボカド…1個
粉チーズ・胡椒…各適量

下準備

・卵は室温に戻す。
・サバはキッチンペーパーに取って汁気を切る。アボカドはタテ半分に切って種を除く。
・マフィン型にグラシンカップを敷く。
・オーブンを170℃に温める。

作り方

1. ポリ袋にAを入れ、袋の口をねじってしっかりと閉じ、よく振ってふるい合わせる。
2. カップにBを入れてフォークでよく混ぜ、1に加える。
3. 袋の口をねじってしっかりと閉じ、振り混ぜて材料をなじませた後、アボカドをスプーンですくいながら加える。袋の口をしっかりとねじって閉じ、袋の外側からアボカドをつぶしながら生地を揉み混ぜて、まんべんなくなめらかな状態にする。
4. 袋の隅をキッチンばさみで切って生地を型に入れ、サバを適量ずつ入れる。粉チーズ、胡椒をふり、170℃のオーブンで23分ほど焼く。

PROCESS

3-a

3-b

4-a

4-b

ヘルシーMEMO

【サバ缶】
岩手県産製の「Ca va？（サヴァ）」と、マルハニチロ製の「La Cantine（ラ・カンティーヌ）」。入手しやすくておいしいサバ缶です。

20 Chapter1 甘さ控えめ、ヘルシーがうれしいマフィンと蒸しパン

 大豆粉

ヘーゼルナッツの大豆粉ココアマフィン

大豆粉をまだ食べ慣れない方にもおいしく食べていただけるよう、
大豆粉にアーモンドパウダーを合わせ、しっかりとしたココアの風味と
ヘーゼルナッツの独特な甘い香りをまとわせました。

材料（直径7cmのマフィン型6個分）

A 大豆粉…45g
　ココアパウダー…15g
　アーモンドパウダー…30g
　ベーキングパウダー…小さじ1
　きび砂糖…50g
　塩…ひとつまみ
B 卵…2個
　植物油…45g
　ヨーグルト…50g
　牛乳…50g
ヘーゼルナッツ…40g

下準備

・卵は室温に戻す。
・ヘーゼルナッツはポリ袋に入れ、めん棒で叩いて粗く砕く。
・マフィン型にグラシンカップを敷く。
・オーブンを170℃に温める。

手書きメモ：
薄力粉 65
ココア 15
アーモンドパウダー 切
卵1コ
オイル
混ぜ顆粒?
ヤシ 50
ほろり 30

作り方

1. ヘーゼルナッツを砕いたものとは別のポリ袋にAを入れ（ココアパウダーは茶こしなどを通してダマを除く）、袋の口をねじってしっかりと閉じ、よく振ってふるい合わせる。
2. カップにBを入れてフォークでよく混ぜ、1に加える。
3. 袋の口をねじってしっかりと閉じ、振り混ぜて材料をなじませた後、袋の外側から生地を揉み混ぜて、まんべんなくなめらかな状態にする。
4. 袋の隅をキッチンばさみで切って生地を型に入れ、ヘーゼルナッツを散らし、170℃のオーブンで21分ほど焼く。

POINT

ココアパウダーは、茶こしでこして加えるひと手間をかけることでダマにならず、きれいに混ざります。

21

  # 生姜×黒糖の大豆粉マフィン

すっきりぴりりとした生姜の清涼感に、
コクと深みのある黒糖独特の甘さは本当に相性がいいなと感じます。
生姜はチューブのものでも大丈夫なので、気軽に作ってみてください。

材料（直径7cmのマフィン型6個分）

A 大豆粉…60g
　アーモンドパウダー…40g
　ベーキングパウダー小さじ1
　黒砂糖（粉末）…40g　塩…ひとつまみ
B 卵…2個　植物油…50g
　ヨーグルト…40g　牛乳…50g
　生姜のすりおろし…20g
トッピング用の黒砂糖（粉末）…適量

下準備

・卵は室温に戻す。
・マフィン型にグラシンカップを敷く。
・オーブンを170℃に温める。

作り方

1. ポリ袋にAを入れ、袋の口をねじってしっかりと閉じ、よく振ってふるい合わせる。
2. カップにBを入れてフォークでよく混ぜ、1に加える。
3. 袋の口をねじってしっかりと閉じ、振り混ぜて材料をなじませた後、袋の外側から生地を揉み混ぜて、まんべんなくなめらかな状態にする。
4. 袋の隅をキッチンばさみで切って生地を型に入れ、黒砂糖を振って、170℃のオーブンで21分ほど焼く。

マルチシリアル×クリームチーズの大豆粉マフィン

大豆粉にマルチシリアルとクリームチーズをプラス。試作を重ねるうちやみつきになってしまった組み合わせです。クリームチーズはポーションタイプが便利でおすすめ。分量は90gほどとしていますが、お好みで増減してください。

材料（直径7cmのマフィン型6個分）

A 大豆粉…45g　マルチシリアル…20g
　アーモンドパウダー…30g
　ベーキングパウダー…小さじ1
　きび砂糖…45g　塩…ひとつまみ
B 卵…2個　植物油…50g
　ヨーグルト…50g　牛乳…30g
クリームチーズ…90gほど
トッピング用のマルチシリアル…適量

下準備

・卵は室温に戻す。
・マフィン型にグラシンカップを敷く。
・オーブンを170℃に温める。

作り方

1. ポリ袋にAを入れ、袋の口をねじってしっかりと閉じ、よく振ってふるい合わせる。
2. カップにBを入れてフォークでよく混ぜ、1に加える。
3. 袋の口をねじってしっかりと閉じ、振り混ぜて材料をなじませた後、袋の外側から生地を揉み混ぜて、まんべんなくなめらかな状態にする。
4. 袋の隅をハサミで切って生地を型に入れ、クリームチーズを適当な大きさにちぎって入れる。マルチシリアルをふり、170℃のオーブンで21分ほど焼く。

 ヘルシーMEMO

【マルチシリアル】
麦芽粉、オーツ麦、ひまわりの種など、体によい様々な雑穀がミックスされています。

ラズベリーの米粉マフィン

米粉で作るグルテンフリーのやさしい生地に、ラズベリーの赤と甘酸っぱい味わいがアクセントになった、キュートなマフィンです。トッピングのラズベリーは、きれいな形のものと一緒に、崩した小さなかけらも散らすと表情が出ます。

材料（直径7cmのマフィン型6個分）

- A 米粉…110g
  - ベーキングパウダー…小さじ1
  - きび砂糖…50g
  - 塩…少々
- B 卵…1個
  - 植物油…50g
  - ヨーグルト…45g
  - 牛乳…50g
  - レモン果汁…小さじ1
- ラズベリー…100gほど

下準備

- 卵は室温に戻す。
- マフィン型にグラシンカップを敷く。
- オーブンを170℃に温める。

作り方

1. ポリ袋にAを入れ、袋の口をねじってしっかりと閉じ、よく振ってふるい合わせる。
2. カップにBを入れてフォークでよく混ぜ、1に加える。
3. 袋の口をねじってしっかりと閉じ、振り混ぜて材料をなじませた後、袋の外側から生地を揉み混ぜて、まんべんなくなめらかな状態にする。
4. 袋の隅をキッチンばさみで切って生地を型に入れ、ラズベリーを3〜4粒ずつ埋め、残りを表面に散らし、170℃のオーブンで23分ほど焼く。

POINT

 →

4のラズベリーは、1個につき3〜4粒を、箸などで中に埋める。

表面にも粒のままのラズベリーと小さくちぎったラズベリーを散らす。

 + 米粉
胡麻×玄米粉の米粉マフィン

胡麻と玄米粉。地味ながら滋味深い落ち着いた風味のマフィンです。熱い玄米茶やほうじ茶をさっと淹れ、焼きたての和風マフィンを楽しむ。時にはそんなお茶時間も、日本人らしくていいなと思います。

材料（直径7cmのマフィン型6個分）

A 米粉…80g　玄米粉…30g
　　ベーキングパウダー…小さじ1
　　きび砂糖…45g　塩…ひとつまみ
　　黒炒り胡麻…10g
B 卵…1個　植物油…50g
　　ヨーグルト…65g　牛乳…50g
トッピング用の黒炒り胡麻…適量

下準備

・卵は室温に戻す。
・マフィン型にグラシンカップを敷く。
・オーブンを170℃に温める。

作り方

1 ポリ袋にAを入れ、袋の口をねじってしっかりと閉じ、よく振ってふるい合わせる。
2 カップにBを入れてフォークでよく混ぜ、1に加える。
3 袋の口をねじってしっかりと閉じ、振り混ぜて材料をなじませた後、袋の外側から生地を揉み混ぜて、まんべんなくなめらかな状態にする。
4 袋の隅をキッチンばさみで切って生地を型に入れ、黒炒り胡麻を散らし、170℃のオーブンで23分ほど焼く。

 + 米粉 りんご×蕎麦粉の米粉マフィン

蕎麦粉のガレットと、りんごを発酵させたお酒 シードルのマリアージュから
ヒントを得て、米粉に蕎麦粉を合わせた生地に、フレッシュなりんごを
焼き込みました。りんごはスライスではなく、乱切りにしてさし込んでもかまいません。

材料（直径7cmのマフィン型6個分）

A 米粉…80g　蕎麦粉…30g
　ベーキングパウダー…小さじ1
　きび砂糖…45g　塩…ひとつまみ
B 卵…1個　植物油…50g
　ヨーグルト…60g　牛乳…50g
りんご…小1個

下準備

・卵は室温に戻す。
・りんごは四つ割りにして芯を除き、スライスする。
・マフィン型にグラシンカップを敷く。
・オーブンを170℃に温める。

作り方

1　ポリ袋にAを入れ、袋の口をねじってしっかりと閉じ、よく振ってふるい合わせる。

2　カップにBを入れてフォークでよく混ぜ、1に加える。

3　袋の口をねじってしっかりと閉じ、振り混ぜて材料をなじませた後、袋の外側から生地を揉み混ぜて、まんべんなくなめらかな状態にする。

4　袋の隅をキッチンばさみで切って生地を型に入れ、りんごを適量ずつさし込み、170℃のオーブンで23分ほど焼く。

刻みハイカカオチョコの蒸しパン

蒸しパンはやっぱり作りたてがいちばん。そのタイミングを味わえるのは、家庭で手作りするからこそ。ほわっとやわらかく温かいうちにほおばれば、刻んだチョコレートがとろっととろけます。お子さまにはミルクチョコレートで。

材料（直径7cmのココット型6個分）

- A 薄力粉…100g
  - ベーキングパウダー…小さじ1
  - 塩…ひとつまみ
- B 牛乳…90g
  - はちみつ…40g
  - 植物油…25g
- 板チョコレート
  （カカオ分70％以上）…50g

下準備

- 板チョコレートは細かく刻み、冷蔵庫に入れておく。
- ココット型にグラシンカップを敷く。

作り方

1. ポリ袋にAを入れ、袋の口をねじってしっかりと閉じ、よく振ってふるい合わせる。
2. カップにBを入れてフォークでよく混ぜ、1に加える。チョコレートも加える。
3. 袋の口をねじってしっかりと閉じ、振り混ぜて材料をなじませた後、袋の外側から生地を揉み混ぜて、まんべんなくなめらかな状態にする。
4. 袋の隅をキッチンばさみで切って生地を型に入れ、キッチンペーパーを敷いたフライパンに並べる。ココットの高さ1/3〜半分くらいまで熱湯（分量外）を注いでフタをし、中火で10〜12分蒸す。

PROCESS

POINT

直径26cmのフライパンを使用しています。ココットを安定させ、フライパンに傷がつくのを防ぐためにキッチンペーパーを敷いてからココットをのせます。蒸し器を使用してもOKです。

ボウルで作る場合

1. ボウルにBと塩を入れて泡立て器でよく混ぜる。
2. 薄力粉とベーキングパウダーを合わせてふるい入れ、チョコレートも加えてなめらかに混ぜる。
3. ゴムベラで型に入れ、フライパンに並べる。ポリ袋で作るプロセス4と同様に蒸す。

紅茶の蒸しパン

紅茶の葉は香りが強く残るアールグレイがおすすめ。元から葉の細かなティーバッグが便利です。水分には甘酒を使いました。使用する甘酒の甘みが強い場合は、分量の一部を牛乳や豆乳に置き換えて調整してください。

材料（直径7cmのココット型6個分）

A 薄力粉…100g
　ベーキングパウダー…小さじ1
　塩…ひとつまみ　紅茶の葉…4〜5g
B 甘酒…95g
　はちみつ…40g　植物油…25g

下準備

・紅茶の葉はすり鉢などですって細かくする
　（ティーバッグのように元から
　細かなものならそのままでもよい）。
・ココット型にグラシンカップを敷く。

作り方

1. ポリ袋にAを入れ、袋の口をねじってしっかりと閉じ、よく振ってふるい合わせる。
2. カップにBを入れてフォークでよく混ぜ、1に加える。
3. 袋の口をねじってしっかりと閉じ、振り混ぜて材料をなじませた後、袋の外側から生地を揉み混ぜて、まんべんなくなめらかな状態にする。
4. 袋の隅をハサミで切って生地を型に入れ、キッチンペーパーを敷いたフライパンに並べる。ココットの高さ1/3〜半分くらいまで熱湯（分量外）を注いでフタをし、中火で10〜12分蒸す。

ココナッツの蒸しパン

粉にはココナッツファインを混ぜ込み、水分にもココナッツミルクを使用した、Wココナッツの蒸しパン。お好みでさらにココナッツファインをトッピングしても。ココナッツミルクにコクがあるので、ここでは植物油を使わずに作りました。

材料（直径7cmのココット型5個分）

A 薄力粉…90g
　ココナッツファイン…25g
　ベーキングパウダー…小さじ1
　塩…ひとつまみ
B ココナッツミルク…80g
　はちみつ…40g　ヨーグルト…25g

下準備

・ココット型にグラシンカップを敷く。

作り方

1 ポリ袋にAを入れ、袋の口をねじってしっかりと閉じ、よく振ってふるい合わせる。

2 カップにBを入れてフォークでよく混ぜ、1に加える。

3 袋の口をねじってしっかりと閉じ、振り混ぜて材料をなじませた後、袋の外側から生地を揉み混ぜて、まんべんなくなめらかな状態にする。

4 袋の隅をキッチンばさみで切って生地を型に入れ、キッチンペーパーを敷いたフライパンに並べる。ココットの高さ1/3～半分くらいまで熱湯（分量外）を注いでフタをし、中火で10～12分蒸す。

steamed bread

たまご蒸しパン

はちみつの甘さに塩麹と醤油の塩気。甘じょっぱさがクセになりそうな蒸しパンです。
風味のある卵入りの生地はふっくらとボリュームも出るので、
直径15cmの丸型で大きく蒸し上げました。切り分けても、ちぎって食べても◎。

材料（直径15cmの丸型1台分）

A 薄力粉…90g
　ベーキングパウダー…小さじ1
B 卵…1個
　はちみつ…50g
　豆乳…30g
　植物油…30g
　塩麹…5g
　醤油…小さじ1

下準備

・卵は室温に戻す。
・丸型にオーブンシートを敷く。

丸型よりも大きめにオーブンシートを切って、両手でギュッと型に押し込む。

型の隅まで敷き込んで落ち着かせる。

作り方

1. 蒸すための鍋に適量の湯（分量外。鍋底から2～3cmくらい）を沸かしておく。※あれば蒸し器を用意する。
2. ポリ袋にAを入れ、袋の口をねじってしっかりと閉じ、よく振ってふるい合わせる。
3. カップにBを入れてフォークでよく混ぜ、2に加える。
4. 袋の口をねじってしっかりと閉じ、振り混ぜて材料をなじませた後、袋の外側から生地を揉み混ぜて、まんべんなくなめらかな状態にする。
5. 袋の隅をキッチンばさみで切って生地を型に入れ、菜箸でざっと全体に広げる。
6. 1の鍋に5を入れる（布巾をたたんで敷くと型が安定する）。フタをし、中火で20分ほど蒸す。

PROCESS

 ヘルシーMEMO

【塩麹】
疲労回復、免疫力向上、美肌効果など、うれしい作用のある発酵食品。塩の代わりに使用すると、コクと深みが加わるように感じます。

34　Chapter1　甘さ控えめ、ヘルシーがうれしいマフィンと蒸しパン

# 抹茶の米粉蒸しパン

抹茶は種類によって、色や香り、甘みや苦みの出方など様々です。
一度分量通りに作ってみて、次からは抹茶の分量を減らしたり増やしたりと
お好みに合わせて調整を。米粉と抹茶でトータル105gになればOKです。

材料（直径7cmのココット型5個分）

- A 米粉…100g
  - 抹茶…5g
  - ベーキングパウダー…小さじ1
  - 塩…ひとつまみ
- B 甘酒…60g
  - 豆乳…30g
  - はちみつ…45g
  - 植物油…25g

下準備

・ココット型にグラシンカップを敷く。

作り方

1. ポリ袋にAを入れ（抹茶は茶こしなどを通してダマを除く）、袋の口をねじってしっかりと閉じ、よく振ってふるい合わせる。
2. カップにBを入れてフォークでよく混ぜ、1に加える。
3. 袋の口をねじってしっかりと閉じ、振り混ぜて材料をなじませた後、袋の外側から生地を揉み混ぜて、まんべんなくなめらかな状態にする。
4. 袋の隅をキッチンばさみで切って生地を型に入れ、キッチンペーパーを敷いたフライパンに並べる。ココットの高さ1/3～半分くらいまで熱湯（分量外）を注いでフタをし、中火で10～12分蒸す。

POINT

甘酒には、米と麹で作られたもの、酒粕と砂糖で作られたものの2種類があります。本書ではアルコールを含まない米麹で作られたものを使っています。

 + ## お味噌の米粉蒸しパン

お味噌の香りがふんわり、メープルシロップの甘みと相まって、
昔懐かしいような、なんとも趣のある蒸しパンになりました。
表面に散らした炒り胡麻の香ばしさもおいしさのポイント。最後のひと手間をどうぞお忘れなく。

材料（直径7cmのココット型5個分）

A 米粉…100g
　ベーキングパウダー…小さじ1
B 味噌…30g　甘酒…90g
　メープルシロップ…40g　植物油…30g
白炒り胡麻…適量

下準備

・ココット型にグラシンカップを敷く。

作り方

1. ポリ袋にAを入れ、袋の口をねじってしっかりと閉じ、よく振ってふるい合わせる。
2. カップにBを入れてフォークでよく混ぜ、1に加える。
3. 袋の口をねじってしっかりと閉じ、振り混ぜて材料をなじませた後、袋の外側から生地を揉み混ぜて、まんべんなくなめらかな状態にする。
4. 袋の隅をキッチンばさみで切って生地を型に入れ、白炒り胡麻を散らし、キッチンペーパーを敷いたフライパンに並べる。ココットの高さ1/3〜半分くらいまで熱湯（分量外）を注いでフタをし、中火で10〜12分蒸す。

 + ## 紫いもの米粉蒸しパン

ほくほくっとしたおいもの風味と紫色を、紫いもパウダーでかんたんにつけました。
ほんのりとした酸味を与えるレモン果汁は
生地の変色を防ぐ役割もしてくれるので必ず加えて。

材料（直径7cmのココット型5個分）

- A 米粉…100g
  - 紫いもパウダー…10g
  - ベーキングパウダー…小さじ1
  - 塩…ひとつまみ
- B 豆乳…85g　はちみつ…45g
  - 植物油…25g　レモン果汁…大さじ1

下準備

- ココット型にグラシンカップを敷く。

作り方

1. ポリ袋にAを入れ、袋の口をねじってしっかりと閉じ、よく振ってふるい合わせる。
2. カップにBを入れてフォークでよく混ぜ、1に加える。
3. 袋の口をねじってしっかりと閉じ、振り混ぜて材料をなじませた後、袋の外側から生地を揉み混ぜて、まんべんなくなめらかな状態にする。
4. 袋の隅をキッチンばさみで切って生地を型に入れ、キッチンペーパーを敷いたフライパンに並べる。ココットの高さ1/3～半分くらいまで熱湯（分量外）を注いでフタをし、中火で10～12分蒸す。

Chapter 2
フライパンでもっとらくちん！ケーキとパン

パンケーキを焼く気軽さで、厚みのあるケーキとパンを焼いてみませんか？
ポリ袋で生地を作ってフライパンで焼くから、本当にかんたん。
特別な道具も、型も、オーブンも要りません。
一人暮らしの小さなキッチンでも、おもてなしのおやつが作れます。
まあるく大きく焼き上がったケーキとパンのかわいらしさとおいしさに
ぜひとも出会ってほしいなと思います。

メープルケーキ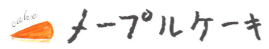

ほわほわふっくらとした焼き上がりは、ちょっとリッチな厚焼きホットケーキのよう。
朝ごはんにもおやつにもおすすめしたい、幸せを感じられるレシピです。
バターをのせて、メープルシロップやはちみつをかけるとさらに至福。

材料（直径約20cmのフライパン1台分）

A 薄力粉…75g
　アーモンドパウダー…30g
　きび砂糖…20g
　ベーキングパウダー…小さじ1
　塩…ひとつまみ
B 卵…1個
　植物油…50g
　メープルシロップ…30g
　ヨーグルト…30g
　牛乳…20g
粉砂糖…適宜

下準備

・卵は室温に戻す。
・フライパンにホイルシートを敷く。

PROCESS

作り方

1. ポリ袋にAを入れ、袋の口をねじってしっかりと閉じ、よく振ってふるい合わせる。
2. カップにBを入れてフォークでよく混ぜ、1に加える。
3. 袋の口をねじってしっかりと閉じ、振り混ぜて材料をなじませた後、袋の口をねじってしっかりと閉じ、袋の外側から生地を揉み混ぜてまんべんなくなめらかな状態にする。
4. 袋の隅をハサミで切って生地をフライパンに絞り入れ、菜箸やスプーンで全体に広げる。フタをし、ごく弱火で13〜15分ほど焼く。
5. 表面に気泡が少し出てきて、裏面によい焼き色がつけば、ホイルシートごと大きな皿に取り、フライパンを被せてひっくり返す。再びフタをし、ごく弱火で8〜10分焼く。好みで粉砂糖をふる。

ボウルで作る場合

① ボウルにBを入れて泡立て器でよく混ぜ、きび砂糖と塩も加えてよく混ぜる。
② 薄力粉、アーモンドパウダー、ベーキングパウダーを合わせてふるい入れ、なめらかに混ぜる。
③ ゴムベラでフライパンに入れ、ポリ袋で作るプロセス4・5と同様に焼く。

 # バナナケーキ

みんなに人気のおやつの定番バナナケーキも、フライパンで手軽に。
お砂糖が少なめでもバナナの持つ濃厚な甘さがあるから十分に満足できる味わいです。
よくよく熟したバナナを使って、おいしく焼いてくださいね。

材料（直径約20cmのフライパン1台分）

A 薄力粉…75g
　アーモンドパウダー…30g
　きび砂糖…40g
　ベーキングパウダー小さじ1
　塩…ひとつまみ
B 卵…1個　植物油…50g
　ヨーグルト…20g
バナナ…100〜110g

下準備

・卵は室温に戻す。
・フライパンにホイルシートを敷く。

作り方

1 ポリ袋にAを入れ、袋の口をねじってしっかりと閉じ、よく振ってふるい合わせる。

2 カップにBを入れてフォークでよく混ぜ、1に加える。

3 袋の口をねじってしっかりと閉じ、振り混ぜて材料をなじませた後、バナナをちぎって加える。袋の口をねじってしっかりと閉じ、袋の外側からバナナをつぶしながら揉み混ぜて、まんべんなくなめらかな状態にする。

4 袋の隅をハサミで切って生地をフライパンに絞り入れ、菜箸やスプーンで全体に広げる。フタをし、ごく弱火で13〜15分ほど焼く。

5 表面に気泡が少し出てきて、裏面によい焼き色がつけば、ホイルシートごと大きな皿に取り、フライパンを被せてひっくり返す。再びフタをし、ごく弱火で8〜10分焼く。

ほうじ茶ケーキ

高温で焙煎されて作られるほうじ茶は、カフェインの含有量がたいへん少なく、
飲む人や時間を選ばない、とてもやさしい日本茶です。
リラックス効果も期待できそうなほうじ茶の香ばしい香りを、ケーキに焼き込みました。

材料（直径約20cmのフライパン1台分）

- A 薄力粉…75g
  - アーモンドパウダー…30g
  - きび砂糖…20g
  - ベーキングパウダー小さじ1
  - 塩…ひとつまみ　ほうじ茶の葉…4～5g
- B 卵…1個　植物油…50g
  - はちみつ…30g　ヨーグルト…30g
  - 豆乳…25g

ココア 10g 薄力粉 70g

下準備

- 卵は室温に戻す。
- ほうじ茶の葉はすり鉢などですって細かくする（ティーバッグのように元から細かなものならそのままでもよい）。
- フライパンにホイルシートを敷く。

作り方

1. ポリ袋にAを入れ、袋の口をねじってしっかりと閉じ、よく振ってふるい合わせる。
2. カップにBを入れてフォークでよく混ぜ、1に加える。
3. 袋の口をねじってしっかりと閉じ、振り混ぜて材料をなじませた後、袋の外側から生地を揉み混ぜてまんべんなくなめらかな状態にする。
4. 袋の隅をキッチンばさみで切って生地をフライパンに絞り入れ、菜箸やスプーンで全体に広げる。フタをし、ごく弱火で13～15分ほど焼く。
5. 表面に気泡が少し出てきて、裏面によい焼き色がつけば、ホイルシートごと大きな皿に取り、フライパンを被せてひっくり返す。再びフタをし、ごく弱火で8～10分焼く。

43

44 Chapter 2 フライパンでもっとらくちん！ ケーキとパン

パイナップル×烏龍茶のアップサイドダウンケーキ

アップサイドダウンとは、上下逆、ひっくり返った、などの意味を持ちます。
その言葉の通り、フライパンの底にパイナップルを敷いて、生地を流して焼き、
ひっくり返すと、おいしそうに焼けたパイナップルが上になるという、おもしろいお菓子です。

材料（直径約20cmのフライパン1台分）

A 薄力粉…75g
　アーモンドパウダー…30g
　きび砂糖…30g
　ベーキングパウダー…小さじ1
　塩…ひとつまみ
　烏龍茶の葉…3〜4g
B 卵…1個
　植物油…50g
　はちみつ…20g
　ヨーグルト…50g
パイナップル（缶詰）…スライス4〜5枚

下準備

・卵は室温に戻す。
・烏龍茶の葉はすり鉢などですって
　細かくする
　（ティーバッグのように元から
　細かなものならそのままでもよい）。
・パイナップルは1枚を十字に4等分し、
　キッチンペーパーに取って汁気を切る。
・フライパンにホイルシートを敷く。

作り方

1 フライパンにパイナップルを並べる。

2 ポリ袋にAを入れ、袋の口をねじってしっかりと閉じ、よく振ってふるい合わせる。

3 カップにBを入れてフォークでよく混ぜ、2に加える。

4 袋の口をねじってしっかりと閉じ、振り混ぜて材料をなじませた後、袋の側から生地を揉み混ぜてまんべんなくなめらかな状態にする。

5 袋の隅をキッチンバサミで切って生地をフライパンに絞り入れ、菜箸やスプーンで全体に広げる。フタをし、ごく弱火で13〜15分ほど焼く。表面に気泡が少し出てきて、裏面によい焼き色がつけば、ホイルシートごと大きな皿に取り、フライパンを被せてひっくり返す。再びフタをし、ごく弱火で8〜10分焼く。

PROCESS

1

5-a

5-b

カシューナッツの大豆粉ケーキ

薄力粉の代わりに大豆粉とアーモンドパウダーを使って糖質を控え、
お砂糖の代わりにビタミンやミネラルを含むメープルシロップで甘みをつけました。
さらに糖質を控えたい方は、表面にふるブラウンシュガーを減らすか、カットして。

材料（直径約20cmのフライパン1台分）

- A 大豆粉…50g
- アーモンドパウダー…50g
- ベーキングパウダー…小さじ1
- 塩…ひとつまみ
- B 卵…1個　植物油…50g
- メープルシロップ…50g
- ヨーグルト…50g　豆乳…20g
- カシューナッツ…50g
- ブラウンシュガー…適宜

（手書きメモ：小麦粉75　アーモンドパウダー50）

下準備

- 卵は室温に戻す。
- カシューナッツはポリ袋に入れ、めん棒で叩いて粗く砕く。
- フライパンにホイルシートを敷く。

作り方

1. カシューナッツを砕いたものとは別のポリ袋にAを入れ、袋の口をねじってしっかりと閉じ、よく振ってふるい合わせる。
2. カップにBを入れてフォークでよく混ぜ、1に加える。
3. 袋の口をねじってしっかりと閉じ、振り混ぜて材料をなじませた後、袋の外側から生地を揉み混ぜてまんべんなくなめらかな状態にする。
4. 袋の隅をキッチンばさみで切って生地をフライパンに絞り入れ、菜箸やスプーンで全体に広げる。カシューナッツを散らし、ブラウンシュガーを好みでふり、フタをして、ごく弱火で13〜15分ほど焼く。裏面によい焼き色がつけば、生地をホイルシートごと大きな皿に取り、フライパンを被せて皿ごとひっくり返す。再びフタをし、ごく弱火で8分ほど焼く。

 かぼちゃの米粉ケーキ

かぼちゃのケーキは米粉で焼いてもふんわりしっとり、やさしいおいしさ。
冷凍かぼちゃを使うとひと手間省けます。かぼちゃの代わりにやわらかく蒸した
さつまいもにすれば、おいものケーキへのアレンジもかんたん。

材料
（直径約20cmのフライパン1台分）

- A 米粉…75g
  - アーモンドパウダー…30g
  - きび砂糖…20g
  - ベーキングパウダー…小さじ1
  - 塩…ひとつまみ
- B 卵…1個
  - 植物油…50g
  - ヨーグルト…30g
  - メープルシロップ…30g
  - 牛乳…15g
- かぼちゃ…正味80g（種と皮を除いた分量）

下準備
- 卵は室温に戻す。
- フライパンにホイルシートを敷く。

作り方

1. かぼちゃは種を除いて4cm角程度に切り、耐熱皿に並べる。軽く水をふり、ラップをふわりとかけ、電子レンジで5分ほど加熱して柔らかくし、皮を除いて冷ましておく。

2. ポリ袋にAを入れ、袋の口をねじってしっかりと閉じ、よく振ってふるい合わせる。

3. カップにBを入れてフォークでよく混ぜ、2に加える。

4. 袋の口をねじってしっかりと閉じ、振り混ぜて材料をなじませた後、かぼちゃを加える。袋の口をねじってしっかりと閉じ、袋の外側からかぼちゃをつぶしながら揉み混ぜて、まんべんなくなめらかな状態にする（かぼちゃは形が少し残るくらいでよい）。

5. 袋の隅をキッチンばさみで切って生地をフライパンに絞り入れ、菜箸やスプーンで全体に広げる。フタをし、ごく弱火で13〜15分ほど焼く。表面に気泡が少し出てきて、裏面によい焼き色がつけば、ホイルシートごと大きな皿に取り、フライパンを被せてひっくり返す。再びフタをし、ごく弱火で8〜10分焼く。

48 Chapter 2 フライパンでもっとらくちん！ ケーキとパン

コーングリッツのパン

表面にふったコーングリッツがポイント。
香ばしくカリッと焼けて、大きなイングリッシュマフィンのような雰囲気になります。
焼きたてに、塩を少し落としたオリーブオイルを添える食べ方がワイン好きに好評です。

材料（直径約20cmのフライパン1台分）

A 強力粉…100g
　塩…小さじ1/3
　きび砂糖…5g
　インスタントドライイースト…小さじ1/2
ぬるま湯…95g
植物油…5g
コーングリッツ…適量

下準備

・フライパンにホイルシートを敷く。

PROCESS

作り方

1. ポリ袋にAを表記の順に入れ、インスタントドライイーストの上からぬるま湯を注ぎ、植物油も加える。袋の口をねじってしっかりと閉じ、1〜2分よく揉み混ぜる。

2. 袋の中に空気を入れて口を閉じ、1.5〜2倍くらいに膨らむまで暖かいところに置く（一次発酵／季節にもよるが45〜90分ほど）。

3. 袋の隅をハサミで切り、生地をフライパンに絞り落とす。フタをし、生地がフライパンいっぱいに広がるくらいまで暖かいところに置く（二次発酵／20〜30分ほど）。

4. コーングリッツをふり、フタをして、ごく弱火で10分ほど焼く。裏面によい焼き色がつけば、生地をホイルシートごと大きな皿に取り、フライパンを被せて皿ごとひっくり返す。再びフタをし、ごく弱火で8〜10分ほど焼く。

ボウルで作る場合

① ボウルにAを入れ、インスタントドライイーストの上からぬるま湯を注ぎ、植物油も加えて泡立て器でなめらかに混ぜる。ラップをかけ、1.5〜2倍くらいに膨らむまで暖かいところに置く。

② ゴムベラでフライパンに入れ、以降、ポリ袋で作るプロセス3・4と同様に焼く。

クレソンのパン

押し葉みたいに焼けたクレソンが、お洒落でおいしい平焼きパン。
粉チーズの効果もあってか、ひと口食べたくらいではクレソンと分からないほど。
クレソンに苦手意識のある方にも一度挑戦してみてほしいレシピです。

材料（直径約20cmのフライパン1台分）

A 強力粉…100g　塩…小さじ1/3
　きび砂糖…5g
　インスタントドライイースト…小さじ1/2
ぬるま湯…95g　植物油…5g
クレソン…1束　粉チーズ…適量

下準備

・クレソンは太い茎の部分を除いて
　小分けにちぎる。
・フライパンにホイルシートを敷く。

作り方

1. ポリ袋にAを表記の順に入れ、インスタントドライイーストの上からぬるま湯を注ぎ、植物油も加える。袋の口をねじってしっかりと閉じ、1～2分よく揉み混ぜる。袋の中に空気を入れて口を閉じ、1.5～2倍くらいに膨らむまで暖かいところに置く（一次発酵／季節にもよるが45～90分ほど）。

2. 袋の隅をキッチンばさみで切り、生地をフライパンに絞り落とす。フタをし、生地がフライパンいっぱいに広がるくらいまで暖かいところに置く（二次発酵／20～30分ほど）。

3. クレソンを散らして粉チーズをふり、フタをして、ごく弱火で10分ほど焼く。裏面によい焼き色がつけば、生地をホイルシートごと大きな皿に取り、フライパンを被せて皿ごとひっくり返す。再びフタをし、ごく弱火で8～10分ほど焼く。

トマトのパン

ビタミンレッドが鮮やかな、トマトジュースを水分に使ったイタリアンなパンです。
バジルやオレガノなどのドライハーブを少し加え、トマト&ハーブに焼き上げるのもおすすめ。
グリーンが少しあると赤が引き立つので、イタリアンパセリとともに盛りつけました。

材料（直径約20cmのフライパン1台分）

A 強力粉…80g　ライ麦粉…20g
　塩…小さじ1/3　きび砂糖…5g
　インスタントドライイースト…小さじ1/2
トマトジュース…105g　植物油…5g
粉チーズ、オリーブオイル…各適量
イタリアンパセリ…適宜

下準備

・トマトジュースは電子レンジで
　人肌程度に温める。
・フライパンにホイルシートを敷く。

作り方

1. ポリ袋にAを表記の順に入れ、インスタントドライイーストの上からトマトジュースを注ぎ、植物油も加える。袋の口をねじってしっかりと閉じ、1～2分よく揉み混ぜる。袋の中に空気を入れて口を閉じ、1.5～2倍くらいに膨らむまで暖かいところに置く（一次発酵／季節にもよるが45～90分ほど）。

2. 袋の隅をキッチンばさみで切り、生地をフライパンに絞り落とす。フタをし、生地がフライパンいっぱいに広がるくらいまで暖かいところに置く（二次発酵／20～30分ほど）。

3. 粉チーズをふってオリーブオイルを回しかけ、フタをして、ごく弱火で10分ほど焼く。裏面によい焼き色がつけば、生地をホイルシートごと大きな皿に取り、フライパンを被せて皿ごとひっくり返す。再びフタをし、ごく弱火で8～10分ほど焼く。好みでイタリアンパセリとともに盛りつける。

アマニローストのパン

栄養価が高く、健康と美容にも様々な効果が期待できるとされる
スーパーフード アマニローストを、生地の中にもトッピングにも使用しました。
プチプチッとした粒感をおいしく楽しんで、元気に綺麗になりましょう。

材料（直径約20cmのフライパン1台分）

A 強力粉…100g　アマニロースト…10g
　塩小さじ…1/3　きび砂糖…5g
　インスタントドライイースト…小さじ1/2
ぬるま湯…100g　植物油…5g
トッピング用のアマニロースト…適量

下準備

・フライパンにホイルシートを敷く。

作り方

1. ポリ袋にAを表記の順に入れ、インスタントドライイーストの上からぬるま湯を注ぎ、植物油も加える。袋の口をねじってしっかりと閉じ、1〜2分よく揉み混ぜる。袋の中に空気を入れて口を閉じ、1.5〜2倍くらいに膨らむまで暖かいところに置く（一次発酵／季節にもよるが45〜90分ほど）。

2. 袋の隅をキッチンばさみで切り、生地をフライパンに絞り落とす。フタをし、生地がフライパンいっぱいに広がるくらいまで暖かいところに置く（二次発酵／20〜30分ほど）。

3. トッピング用のアマニローストをふり、フタをして、ごく弱火で10分ほど焼く。裏面によい焼き色がつけば、生地をホイルシートごと大きな皿に取り、フライパンを被せて皿ごとひっくり返す。再びフタをし、ごく弱火で8〜10分ほど焼く。

ヘルシーMEMO

【アマニロースト】
オメガ3、アマニリグナン、食物繊維などを含むアマニを焙煎したもの。アマ（亜麻）という植物の種（仁）。

ブラックオリーブのパン

ほどよい塩気の効いたブラックオリーブをところどころに散らした
フォカッチャテイストのシンプルなパンは、食事にもおつまみにもいけます。
ブラックオリーブは丸のまま使いましたが、スライスしたり刻んだりしてもかまいません。

材料（直径約20cmのフライパン1台分）

A 強力粉…80g　全粒粉…20g
　塩…小さじ1/3　きび砂糖…5g
　インスタントドライイースト…小さじ1/2
ぬるま湯…95g　植物油…5g
ブラックオリーブ(缶詰/種抜き)…20粒ほど
オリーブオイル・塩…各適量

下準備

・ブラックオリーブは、キッチンペーパーに
　取って汁気を切る。
・フライパンにホイルシートを敷く。

作り方

1　ポリ袋にAを表記の順に入れ、インスタントドライイーストの上からぬるま湯を注ぎ、植物油も加える。袋の口をねじってしっかりと閉じ、1～2分よく揉み混ぜる。袋の中に空気を入れて口を閉じ、1.5～2倍くらいに膨らむまで暖かいところに置く（一次発酵／季節にもよるが45～90分ほど）。

2　袋の隅をキッチンばさみで切り、生地をフライパンに絞り落とす。フタをし、生地がフライパンいっぱいに広がるくらいまで暖かいところに置く（二次発酵／20～30分ほど）。

3　ブラックオリーブを散らし、オリーブオイルを回しかけて塩をふり、フタをして、ごく弱火で10分ほど焼く。裏面によい焼き色がつけば、生地をホイルシートごと大きな皿に取り、フライパンを被せて皿ごとひっくり返す。再びフタをし、ごく弱火で8～10分ほど焼く。

ゴーダチーズ×黒糖のパン

アップサイドダウンケーキを思わせるような飴色の焼き色は、黒砂糖のおかげ。
表面にふりかけ、ひっくり返して焼くだけなのに、キャラメリゼしたかのよう。
温かいうちに、チーズと相性のよいはちみつをたらりと回しかけても美味。

材料（直径約20cmのフライパン1台分）

A 強力粉…100g
　塩…小さじ1/3
　きび砂糖…10g
　インスタントドライイースト…小さじ1/2
ぬるま湯…95g
植物油…5g
ゴーダチーズ…30g
クリームチーズ…20g
黒砂糖(粉末)…適量

下準備

・ゴーダチーズとクリームチーズは
　2cm角程度に切る。
・フライパンにホイルシートを敷く。

作り方

1 ポリ袋にAを表記の順に入れ、インスタントドライイーストの上からぬるま湯を注ぎ、植物油も加える。袋の口をねじってしっかりと閉じ、1〜2分よく揉み混ぜる。袋の中に空気を入れて口を閉じ、1.5〜2倍くらいに膨らむまで暖かいところに置く（一次発酵／季節にもよるが45〜90分ほど）。

2 袋の隅をキッチンばさみで切り、生地をフライパンに絞り落とす。フタをし、生地がフライパンいっぱいに広がるくらいまで暖かいところに置く（二次発酵／20〜30分ほど）。

3 ゴーダチーズとクリームチーズを散らして、黒砂糖をふり、フタをして、ごく弱火で10〜12分焼く。裏面によい焼き色がつけば、生地をホイルシートごと大きな皿に取り、フライパンを被せて皿ごとひっくり返す（くっつきやすいので、ホイルシートを被せてからフライパンをかぶせ、ひっくり返してもよい）。再びフタをし、ごく弱火で8〜10分焼く。

POINT

一次発酵した生地をフライパンに絞り落とし、そのまま二次発酵させます。

3でゴーダチーズとクリームチーズを散らし、軽く指で押して生地になじませます。

黒砂糖をふり、フタをして焼きます。

マカダミアナッツのパン

噛みしめるほどに甘みを感じる濃密な味わいのマカダミアナッツを、
ふんだんにトッピングしました。マカダミアナッツの代わりにアーモンドやくるみ、
きび砂糖の代わりにグラニュー糖やブラウンシュガーで代用してもよいでしょう。

材料（直径約20cmのフライパン1台分）

A 強力粉…100g　塩…小さじ1/3
　きび砂糖…10g
　インスタントドライイースト…小さじ1/2
ぬるま湯…95g　植物油…5g
マカダミアナッツ…50g　きび砂糖…適量

下準備

・マカダミアナッツはポリ袋に入れ、
　めん棒で叩いて粗く砕く。
・フライパンにホイルシートを敷く。

作り方

1　マカダミアナッツを砕いたものとは別のポリ袋にAを表記の順に入れ、インスタントドライイーストの上からぬるま湯を注ぎ、植物油も加える。袋の口をねじってしっかりと閉じ、1〜2分よく揉み混ぜる。袋の中に空気を入れて口を閉じ、1.5〜2倍くらいに膨らむまで暖かいところに置く（一次発酵／季節にもよるが45〜90分ほど）。

2　袋の隅をキッチンばさみで切り、生地をフライパンに絞り落とす。フタをし、生地がフライパンいっぱいに広がるくらいまで暖かいところに置く（二次発酵／20〜30分ほど）。

3　マカダミアナッツを散らしてきび砂糖をふり、フタをして、ごく弱火で10分ほど焼く。裏面によい焼き色がつけば、生地をホイルシートごと大きな皿に取り、フライパンを被せて皿ごとひっくり返す。再びフタをし、ごく弱火で8〜10分ほど焼く。

シードミックス×いちじくのパン

歯触りと食感がおもしろく、おなかの持ちもよくなるのがうれしいシードミックス。
生地に贅沢に混ぜ込んだドライいちじくも、おいしさの決め手になります。
ドライいちじくは刻んだ後で少量のラム酒をふっておくと、より大人っぽい味わいに。

材料（直径約20cmのフライパン1台分）

A 強力粉…100g　塩…小さじ1/3
　きび砂糖…10g
　インスタントドライイースト…小さじ1/2
ぬるま湯…95g　植物油…5g
ドライいちじく…80g
シードミックス…適量

ヘルシーMEMO

【シードミックス】
オーツ麦フレーク、ヒマワリの種、胡麻、アマニ。4種のシードがブレンドされています。

下準備

・ドライいちじくは粗く刻む。
・フライパンにホイルシートを敷く。

作り方

1　ポリ袋にAを表記の順に入れ、インスタントドライイーストの上からぬるま湯を注ぎ、植物油も加える。袋の口をねじってしっかりと閉じ、1〜2分ほどよく揉み混ぜたら、ドライいちじくを加えて全体になじませる。袋の中に空気を入れて口を閉じ、1.5〜2倍くらいに膨らむまで暖かいところに置く（一次発酵／季節にもよるが45〜90分ほど）。

2　袋の隅をキッチンばさみで切り、生地をフライパンに絞り落とす。フタをし、生地がフライパンいっぱいに広がるくらいまで暖かいところに置く（二次発酵／20〜30分ほど）。

3　シードミックスをふり、フタをして、ごく弱火で10分ほど焼く。裏面によい焼き色がつけば、生地をホイルシートごと大きな皿に取り、フライパンを被せて皿ごとひっくり返す。再びフタをし、ごく弱火で8〜10分ほど焼く。

Chapter 3
お豆腐で作る さっくりスコーンとふんわりケーキ

昨年のこと。お菓子教室でヨーグルトを使ったケーキをレッスンした際、
生徒さんから「乳製品アレルギー対応にアレンジできますか？」との相談があり、
ヨーグルトの代わりにお豆腐を使って作ってみたところ、
これが思いがけなくおいしかったのです。お豆腐の持つ素材力の高さに魅了され、
以来、いろいろなお菓子に取り入れるようになりました。
きっかけをくれたジュンコさんに、心から感謝を。

※おいしく作るコツ
- 豆腐をできるだけなめらかな状態にすることがポイントです。
まず、カップに豆腐を入れたら、フォークなどでつぶしながらしっかりとよく混ぜます。次に材料を1つずつ加え、その都度なめらかになるようによく混ぜてください（植物油など分量の多いものは少しずつ加え、その都度よく混ぜるとよりなめらかになります）。
- ハンディーブレンダーがあればぜひ活用を。Bの材料すべてをカップに入れたら一度に撹拌するだけで、豆腐が素早くかつとてもなめらかな状態になるのでかんたんです。

60　Chapter3　お豆腐で作る さっくりスコーンとふんわりケーキ

プレーンの豆腐スコーン

絹ごし豆腐を水切りせず水分に使い、粉類をまとめました。
わずかに感じられるお豆腐の風味と、外側のさっくり感と内側のほんわりした生地、
シンプルながらとてもおいしいスコーンです。これはぜひ焼きたてを熱いうちに！

材料（8個分）

A 薄力粉…120g
　きび砂糖…15g
　ベーキングパウダー…小さじ1
　塩…ひとつまみ
B 絹ごし豆腐…55g
　植物油…40g
　酢…小さじ1/3

下準備

・天板にオーブンシートを敷く。
・オーブンを180℃に温める。

作り方

1. ポリ袋にAを入れ、袋の口をねじってしっかりと閉じ、よく振ってふるい合わせる。
2. カップにBを表記の順に入れ、フォークで豆腐をつぶしながら、できるだけなめらかになるようにその都度よく混ぜ、1に加える。
3. 袋の口をねじってしっかりと閉じ、振り混ぜる。大きなかたまりがゴロゴロとできるくらい〜ほぼまとまるくらいになれば、生地を軽く揉み混ぜてなめらかにし、ひとまとめにする。
4. キッチンばさみで袋をシート状に切り開き、生地を直径約11cmの円形に形作り、包丁で放射状に8等分する。天板に並べ、180℃のオーブンで13〜15分焼く。

PROCESS

ボウルで作る場合

① ボウルに豆腐ときび砂糖、塩を入れ、泡立て器でなめらかになるまで混ぜる。植物油、酢も加えてなめらかになるまで混ぜる。

② 薄力粉とベーキングパウダーを合わせてふるい入れ、ゴムベラでさっくりと混ぜながらひとまとめにする。

③ 台などに出し、以降、ポリ袋で作るプロセス4と同様に成形して焼く。

グラハム粉×カカオニブの豆腐スコーン

グラハム粉を使った香ばしい生地に、カカオニブの焦げ茶色の細かな粒々。
見た目も愉快ですが、ほおばるとカカオの風味が口いっぱいに広がります。
チョコレートとも好相性なので、チョコチップなどをお好みで加えても。

材料（8個分）

A 薄力粉…95g　グラハム粉…25g
　きび砂糖…20g
　ベーキングパウダー…小さじ1
　塩…ひとつまみ　カカオニブ…10g
B 絹ごし豆腐…55g　植物油…40g
　酢…小さじ1/3

下準備

・天板にオーブンシートを敷く。
・オーブンを180℃に温める。

作り方

1. ポリ袋にAを入れ、袋の口をねじってしっかりと閉じ、よく振ってふるい合わせる。
2. カップにBを表記の順に入れ、フォークで豆腐をつぶしながら、できるだけなめらかになるようにその都度よく混ぜ、1に加える。
3. 袋の口をねじってしっかりと閉じ、振り混ぜる。大きなかたまりがゴロゴロとできるくらい〜ほぼまとまるくらいになれば、生地を軽く揉み混ぜてなめらかにし、ひとまとめにする。
4. キッチンばさみで袋をシート状に切り開き、生地を直径約11cmの円形に形作り、包丁で放射状に8等分する。天板に並べ、180℃のオーブンで13〜15分焼く。

ヘルシーMEMO

【カカオニブ】
チョコレートの原料となるカカオ豆を焙煎、粉砕したもの。ポリフェノールを多く含みます。

オートミール×クランベリーの豆腐スコーン

甘酸っぱいクランベリーがオートミールのザクザク生地の中でキラリと光ります。
丸めて成形すると、ぷっくりコロンとした姿に焼き上がってかわいらしい見た目に。
一つずつラッピングしてプレゼントにしても喜ばれそうです。

材料(8個分)

- A 薄力粉…100g　オートミール…50g
  - きび砂糖…15g
  - ベーキングパウダー…小さじ1
  - 塩…ひとつまみ
- B 絹ごし豆腐…55g　植物油…40g
  - 酢…小さじ1/3
- ドライクランベリー…50g

下準備

- 天板にオーブンシートを敷く。
- オーブンを180℃に温める。

作り方

1. ポリ袋にAを入れ、袋の口をねじってしっかりと閉じ、よく振ってふるい合わせる。
2. カップにBを表記の順に入れ、フォークで豆腐をつぶしながら、できるだけなめらかになるようにその都度よく混ぜ、1に加える。クランベリーも加える。
3. 袋の口をねじってしっかりと閉じ、振り混ぜる。大きなかたまりがゴロゴロとできるくらい〜ほぼまとまるくらいになれば、生地を軽く揉み混ぜてなめらかにし、ひとまとめにする。
4. キッチンばさみで袋をシート状に切り開き、生地を8等分して、それぞれ丸める。天板に並べ、180℃のオーブンで12〜15分焼く。

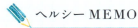 ヘルシーMEMO

【オートミール】
オーツ麦(燕麦)を押しつぶして乾燥させたもの。食物繊維に加えてミネラルやビタミンも含む。

64　Chapter3　お豆腐で作る さっくりスコーンとふんわりケーキ

黒胡麻の豆腐ロールスコーン

黒のすり胡麻が描く、くっきりとした渦巻き模様が目をひきます。
円柱状に成形した生地をカットした際に形が歪んでしまっても、
ささっと手で整えて天板に並べて焼けば、問題なし。楽しく作りましょう。

材料（10個分）

A 薄力粉…120g
　きび砂糖…15g
　ベーキングパウダー…小さじ1
B 絹ごし豆腐…45g
　植物油…40g
　酢…小さじ1/3
　塩麹…5g
黒すり胡麻…大さじ1.5〜2

下準備

・天板にオーブンシートを敷く。
・オーブンを180℃に温める。

作り方

1 ポリ袋にAを入れ、袋の口をねじってしっかりと閉じ、よく振ってふるい合わせる。

2 カップにBを表記の順に入れ、フォークで豆腐をつぶしながら、できるだけなめらかになるようにその都度よく混ぜ、1に加える。

3 袋の口をねじってしっかりと閉じ、振り混ぜる。大きなかたまりがゴロゴロとできるくらい〜ほぼまとまるくらいになれば、生地を軽く揉み混ぜてなめらかにし、ひとまとめにする。袋の上からめん棒で24×13cm程度の長方形にのばす。

4 キッチンばさみで袋をシート状に切り開き、黒すり胡麻をふり、手前からくるくると巻く。巻き終わりを軽くつまんで閉じ、包丁で10等分する。形を整えながら天板に並べ、180℃のオーブンで13〜15分焼く。

PROCESS

3 / 4-a / 4-b / 4-c / 4-d / 4-e

POINT

シート状にしたポリ袋を使って手前の生地を持ち上げ、ロールの芯を作ります。

端から少しずつ押さえるようにしながら、均等な太さになるよう巻いていきます。

巻き終わりは軽くつまんで密着させ、軽くころがしてなじませます。

65

きな粉×全粒粉の大豆粉豆腐スコーン

大豆粉と全粒粉ときな粉を合わせることで、食物繊維がたっぷり。
薄力粉で作ったものとはまた違った食感が楽しめ、
噛み締めると味わいが増す生地です。

材料（8個分）

A 大豆粉…60g
　全粒粉…40g
　きな粉…20g
　きび砂糖…20g
　ベーキングパウダー…小さじ1
　塩…ひとつまみ
B 絹ごし豆腐…80g
　植物油…40g
　酢…小さじ1/3

下準備

・天板にオーブンシートを敷く。
・オーブンを180℃に温める。

作り方

1. ポリ袋にAを入れ、袋の口をねじってしっかりと閉じ、よく振ってふるい合わせる。

2. カップにBを表記の順に入れ、フォークで豆腐をつぶしながら、できるだけなめらかになるようにその都度よく混ぜ、1に加える。

3. 袋の口をねじってしっかりと閉じ、振り混ぜる。大きなかたまりがゴロゴロとできるくらい〜ほぼまとまるくらいになれば、生地を軽く揉み混ぜてなめらかにし、ひとまとめにする。

4. ポリ袋の中で生地を折ってはのすことを数回繰り返しながら、約8×15cmの長方形に形作る（めん棒を当てると表面がきれいに整う）。

5. キッチンばさみで袋をシート状に切り開き、形を整えて、包丁で8等分する。天板に並べ、180℃のオーブンで15分ほど焼く。

PROCESS

68 Chapter3 お豆腐で作る さっくりスコーンとふんわりケーキ

酒粕×生姜の米粉豆腐スコーン

米粉とお豆腐で作るスコーンは、まさに和風スコーンと呼びたくなるような風情。
生姜のピリリとした清涼感のある風味がまず感じられ、
その後に、酒粕のやわらかな香りがふんわり追いかけてきます。

材料（8個分）

A 米粉…100g
　アーモンドパウダー…25g
　きび砂糖…20g
　ベーキングパウダー…小さじ1
　塩…ひとつまみ
B 絹ごし豆腐…60g
　酒粕（練りタイプ）…20g
　生姜のすりおろし…20g
　植物油…40g
　酢…小さじ1/3

下準備

・天板にオーブンシートを敷く。
・オーブンを180℃に温める。

作り方

1. ポリ袋にAを入れ、袋の口をねじってしっかりと閉じ、よく振ってふるい合わせる。
2. カップにBを表記の順に入れ、フォークで豆腐をつぶしながら、できるだけなめらかになるようにその都度よく混ぜ、1に加える。
3. 袋の口をねじってしっかりと閉じ、振り混ぜる。ぽろぽろの状態になれば、袋の上から生地を軽く揉み混ぜてなめらかにし、ひとまとめにする。
4. ポリ袋の中で生地を折ってはのすことを数回繰り返しながら、約8×15cmの長方形に形作る（めん棒を当てると表面がきれいに整う）。
5. キッチンばさみで袋をシート状に切り開き、形を整えて、包丁で8等分する。天板に並べ、180℃のオーブンで13〜15分焼く。

 ヘルシーMEMO

【酒粕】

米、麹、酵母由来の優良な機能性成分が多く含まれるほか、旨み成分も豊富で料理をおいしくするとされています。本書では扱いやすい練り状のものを使用しています。

サラダ豆×黒胡椒の豆腐スコーンクッキー

スコーン生地を小さく焼いたらどうなるのだろう？　とふと思い立ったところから始まり、分量を少しずつ調整して、スコーンとクッキーの間に位置するようなお菓子になりました。焼けたらまずは冷めないうちにつまんでみてください。

材料（約25個分）

A 薄力粉…120g
　きび砂糖…10g
　ベーキングパウダー…小さじ1/2
　塩…小さじ1/4
B 絹ごし豆腐…50g
　植物油…40g
　酢…小さじ1/3
蒸しサラダ豆…80gほど
粗挽き黒胡椒…適量

下準備

・天板にオーブンシートを敷く。
・オーブンを180℃に温める。

作り方

1. ポリ袋にAを入れ、袋の口をねじってしっかりと閉じ、よく振ってふるい合わせる。
2. カップにBを表記の順に入れ、フォークで豆腐をつぶしながら、できるだけなめらかになるようにその都度よく混ぜ、1に加える。蒸しサラダ豆も加える。
3. 袋の口をねじってしっかりと閉じ、振り混ぜる。大きなかたまりがごろごろとできるくらいの状態になれば、袋の上から生地を軽く揉み混ぜてなめらかにし、ひとまとめにする。
4. 生地を大さじ1/2～1弱くらいずつ取って丸め、厚みを少しつぶす。天板に並べ、黒胡椒を好みの量ふり、180℃のオーブンで13分ほど焼く。

PROCESS

ボウルで作る場合

① ボウルに豆腐ときび砂糖、塩を入れ、泡立て器でなめらかに混ぜる。植物油、酢も加えてなめらかに混ぜる。

② 薄力粉とベーキングパウダーを合わせてふるい入れ、蒸しサラダ豆も加える。ゴムベラでさっくりと混ぜながらひとまとめにする。以降、ポリ袋で作るプロセス4と同様に成形して焼く。

POINT

適量を手に取ります。

丸めます。

手の平で少しつぶします。

形を整えます。

 全粒粉×チェダーチーズの
大豆粉豆腐スコーンクッキー

焼けていくうち、刻んで混ぜ込んだチェダーチーズがぴょこぴょことろりと顔を出します。
チーズは一般的なプロセスチーズでも大丈夫。大豆粉は使っていることが
気にならない程度の量なので、大豆粉の入門レシピとしてもトライしてみて。

材料（約25個分）

A 薄力粉…60g　大豆粉…30g
　全粒粉…30g　きび砂糖…10g
　ベーキングパウダー…小さじ1/2
　塩…小さじ1/4
B 絹ごし豆腐…50g
　植物油…40g
　酢…小さじ1/3
チェダーチーズ…60g

下準備

・チェダーチーズは小さく刻む。
・天板にオーブンシートを敷く。
・オーブンを180℃に温める。

作り方

1 ポリ袋にAを入れ、袋の口をねじってしっかりと閉じ、よく振ってふるい合わせる。

2 カップにBを表記の順に入れ、フォークで豆腐をつぶしながら、できるだけなめらかになるようにその都度よく混ぜ、1に加える。チェダーチーズも加える。

3 袋の口をねじってしっかりと閉じ、振り混ぜる。大きなかたまりがごろごろとできるくらいの状態になれば、袋の上から生地を軽く揉み混ぜてなめらかにし、ひとまとめにする。

4 生地を大さじ1/2〜1弱くらいずつ取って丸め、厚みを少しつぶす。天板に並べ、180℃のオーブンで13分ほど焼く。

 ライ麦粉×プルーンの
大豆粉豆腐スコーンクッキー

大豆粉とライ麦粉の独特な個性を、甘みの強いねっとりとした舌触りのプルーンが
上手くまとめてくれます。ややしっとりとしたスコーンクッキーは、
焼成後、時間が経って落ち着いてからのおいしさもなかなかです。

材料（約25個分）

A 薄力粉…50g　大豆粉…50g
　ライ麦粉…20g　きび砂糖…20g
　ベーキングパウダー…小さじ1/2
　塩…ひとつまみ
B 絹ごし豆腐…55g
　植物油…40g
　酢…小さじ1/3
ドライプルーン（種抜き）…70g

下準備

・ドライプルーンは粗く刻む。
・天板にオーブンシートを敷く。
・オーブンを180℃に温める。

作り方

1　ポリ袋にAを入れ、袋の口をねじってしっかりと閉じ、よく振ってふるい合わせる。

2　カップにBを表記の順に入れ、フォークで豆腐をつぶしながら、できるだけなめらかになるようにその都度よく混ぜ、1に加える。ドライプルーンも加える。

3　袋の口をねじってしっかりと閉じ、振り混ぜる。大きなかたまりがごろごろとできるくらいの状態になれば、袋の上から生地を軽く揉み混ぜてなめらかにし、ひとまとめにする。

4　生地を大さじ1/2〜1弱くらいずつ取って丸め、厚みを少しつぶす。天板に並べ、180℃のオーブンで13分ほど焼く。

コーヒーマーブルの豆腐ケーキ

普段はヨーグルトを使って作っていたレシピ部分をお豆腐に置き換えてみたところ、何の違和感もなく、しかもおいしく焼き上がったことに感激したケーキです。
コーヒー液で描くマーブル模様は、焼く度に何度も違う模様と出会えるのが魅力。

材料（21×16.5×3cmのバット1台分）

A 薄力粉…75g
　アーモンドパウダー…30g
　ベーキングパウダー…小さじ1
　きび砂糖…45g
　塩…ひとつまみ
B 絹ごし豆腐…60g
　植物油…50g
　卵…1個
　牛乳…20g
　ラム酒…大さじ1/2
インスタントコーヒー…大さじ2
湯…小さじ1弱

下準備

・卵は室温に戻す。
・インスタントコーヒーを湯で溶き、どろっとした状態にする。
・バットにオーブンシートを敷く。
・オーブンを170℃に温める。

作り方

1. ポリ袋にAを入れ、袋の口をねじってしっかりと閉じ、よく振ってふるい合わせる。

2. カップにBを表記の順に入れ、フォークで豆腐をつぶしながらできるだけなめらかになるまでその都度よく混ぜ、1に加える。

3. 袋の口をねじってしっかりと閉じ、振り混ぜて材料をなじませた後、袋の外側から生地を揉み混ぜて、まんべんなくなめらかな状態にする。

4. 袋の隅をキッチンばさみで切って生地をバットに入れ、菜箸やスプーンで全体に広げる。コーヒー液を散らし、菜箸でぐるっと混ぜてマーブル模様を作り、170℃のオーブンで23分ほど焼く。

PROCESS

キウイの豆腐ケーキ

キウイは通年手に入る、親しみやすいフルーツです。前作『ポリ袋でつくる たかこさんの焼き菓子』に掲載した「キウイ×白あんのマフィンケーキ」で、焼いたキウイが意外なほどご好評をいただいたので、今回はお豆腐を使ったキウイのケーキレシピでご紹介します。

材料（21×16.5×3cmのバット1台分）

A 薄力粉…75g
　アーモンドパウダー…30g
　ベーキングパウダー…小さじ1
　きび砂糖…45g　塩…ひとつまみ
B 絹ごし豆腐…60g　植物油…50g
　卵…1個　牛乳…25g
　レモン果汁…小さじ1/2
キウイ…2〜3個　粉砂糖…適量

下準備

・卵は室温に戻す。
・キウイは皮を剥いてスライスし、キッチンペーパーに取って水気を切る。大きさの揃わない両端は粗く刻む。
・バットにオーブンシートを敷く。
・オーブンを170℃に温める。

作り方

1 ポリ袋にAを入れ、袋の口をねじってしっかりと閉じ、よく振ってふるい合わせる。

2 カップにBを表記の順に入れ、フォークで豆腐をつぶしながら、できるだけなめらかになるようにその都度よく混ぜ、1に加える。

3 袋の口をねじってしっかりと閉じ、振り混ぜて材料をなじませた後、袋の外側から生地を揉み混ぜて、まんべんなくなめらかな状態にする。

4 袋の隅をキッチンばさみで切って生地をバットに入れ、菜箸やスプーンで全体に広げる。刻んだキウイを散らして軽く埋め、スライスしたキウイを並べる。茶こしを通して粉砂糖をふり、170℃のオーブンで30分ほど焼く。

グレープフルーツの豆腐ケーキ

ジューシーなグレープフルーツの果実をたっぷりと散らし、はちみつを回しかけて、しっとりと焼き上げました。オイルで作るケーキはバターで作るものと違い、冷蔵庫で冷やしても固くならないので、夏場のおやつにもぴったりです。

材料（21×16.5×3cmのバット1台分）

A 薄力粉…75g
　アーモンドパウダー…30g
　ベーキングパウダー…小さじ1
　きび砂糖…45g　塩…ひとつまみ
B 絹ごし豆腐…60g　植物油…50g
　卵…1個　牛乳…20g
　レモン果汁…小さじ1/2
グレープフルーツ…1個　はちみつ…適宜

下準備

・卵は室温に戻す。
・グレープフルーツは皮を剥いて実を切り出し、
　1房を2〜3つにちぎり、
　キッチンペーパーに取って水気を切る。
・バットにオーブンシートを敷く。
・オーブンを170℃に温める。

作り方

1 ポリ袋にAを入れ、袋の口をねじってしっかりと閉じ、よく振ってふるい合わせる。

2 カップにBを表記の順に入れ、フォークで豆腐をつぶしながら、できるだけなめらかになるようにその都度よく混ぜ、1に加える。

3 袋の口をねじってしっかりと閉じ、振り混ぜて材料をなじませた後、袋の外側から生地を揉み混ぜて、まんべんなくなめらかな状態にする。

4 袋の隅をキッチンばさみで切って生地をバットに入れ、菜箸やスプーンで全体に広げる。グレープフルーツを散らし、はちみつを好みで回しかけ、170℃のオーブンで30分ほど焼く。

クランブル×ブルーベリーの豆腐ケーキ

ケーキ生地とクランブル生地、2つの生地を必要とするお菓子でも、ポリ袋で作ればあっという間。手が込んでいそうに見えて実はかんたんでお得なレシピです。
おもてなしにも重宝するので、季節のフルーツやお好みのジャムでアレンジしてみて。

材料（21×16.5×3cmのバット1台分）

A 薄力粉…75g
　アーモンドパウダー…30g
　ベーキングパウダー…小さじ1
　きび砂糖…40g
　塩…ひとつまみ
B 絹ごし豆腐…60g
　植物油…50g
　卵…1個
　牛乳…25g
　レモン果汁…小さじ1/2
ブルーベリー…60g
ブルベリージャム…50g

クランブル
C 薄力粉…50g
　アーモンドパウダー…15g
　きび砂糖…15g
　塩…ひとつまみ
植物油…20g

下準備

・卵は室温に戻す。
・バットにオーブンシートを敷く。
・オーブンを180℃に温める。

作り方

1. クランブルを作る。ポリ袋にCを入れ、袋の口をねじってしっかりと閉じ、よく振ってふるい合わせる。植物油を加え、袋の口をねじってしっかりと閉じ、よく振り混ぜてぽろぽろのそぼろ状にする。

2. ケーキ生地を作る。1とは別のポリ袋にAを入れ、袋の口をねじってしっかりと閉じ、よく振ってふるい合わせる。

3. カップにBを表記の順に入れ、フォークで豆腐をつぶしながら、できるだけなめらかになるようにその都度よく混ぜ、2に加える。

4. 袋の口をねじってしっかりと閉じ、振り混ぜて材料をなじませた後、袋の外側から生地を揉み混ぜて、まんべんなくなめらかな状態にする。

5. 袋の隅をキッチンばさみで切って生地をバットに入れ、菜箸やスプーンで全体に広げる。ブルーベリーとブルーベリージャムを散らし、1のクランブルをふり、180℃のオーブンで25分ほど焼く。

PROCESS

1-a　1-b　1-c　1-d

酒粕×くるみの大豆粉豆腐ケーキ

栄養たっぷりの発酵食品、酒粕を使った、日本酒の上品な香り漂う
大人のためのケーキです。酒粕の分量はやわらかく香る程度に配合しました。
くるみとも好相性。くるみは生地に混ぜ込まず、表面に散らして焼いても美味。

材料（21×16.5×3cmのバット1台分）

A 大豆粉…50g　アーモンドパウダー…50g
　ベーキングパウダー…小さじ1
　きび砂糖…45g　塩…ひとつまみ
　くるみ（ロースト）…40g
B 絹ごし豆腐…60g　酒粕（練りタイプ）…20g
　植物油…50g　卵…2個
黒砂糖、粉砂糖…各適宜

下準備

・卵は室温に戻す。
・くるみはポリ袋に入れめん棒で叩いて粗く砕く。
・バットにオーブンシートを敷く。
・オーブンを170℃に温める。

作り方

1　くるみを砕いたものとは別のポリ袋にAを入れ、袋の口をねじってしっかりと閉じ、よく振ってふるい合わせる。

2　カップにBを表記の順に入れ、フォークで豆腐をつぶしながら、できるだけなめらかになるようにその都度よく混ぜ、1に加える。

3　袋の口をねじってしっかりと閉じ、振り混ぜて材料をなじませた後、袋の外側から生地を揉み混ぜて、まんべんなくなめらかな状態にする。

4　袋の隅をキッチンばさみで切って生地をバットに入れ、菜箸やスプーンで全体に広げる。粉砂糖を散らし、170℃のオーブンで22分ほど焼く。好みで黒砂糖や粉砂糖をふって仕上げる。

酒粕×小豆の米粉豆腐ケーキ

酒粕を使ったケーキレシピをもう1点。酒粕と米粉でお米のうまみぎっしりです。
ゆで小豆は無糖のものを選ぶと、あっさりとした甘みに。逆に甘みのあるゆで小豆なら
味の輪郭がはっきりし、満足度が上がります。

材料（21×16.5×3cmのバット1台分）

A 米粉…85g　アーモンドパウダー…20g
　ベーキングパウダー…小さじ1
　きび砂糖…45g　塩…ひとつまみ
B 絹ごし豆腐…80g　酒粕…20g
　植物油…50g　卵…1個　豆乳…20g
ゆで小豆…80g
粉砂糖…適量

下準備

・卵は室温に戻す。
・バットにオーブンシートを敷く。
・オーブンを170℃に温める。

作り方

1　ポリ袋にAを入れ、袋の口をねじってしっかりと閉じ、よく振ってふるい合わせる。

2　カップにBを表記の順に入れ、フォークで豆腐をつぶしながら、できるだけなめらかになるようにその都度よく混ぜ、1に加える。

3　袋の口をねじってしっかりと閉じ、振り混ぜて材料をなじませた後、ゆで小豆を加える。袋の口をしっかりとねじって閉じ、袋の外側から生地を揉み混ぜて、まんべんなくなめらかな状態にする。

4　袋の隅をキッチンばさみで切って生地をバットに入れ、菜箸やスプーンで全体に広げる。茶こしを通して粉砂糖をふり、170℃のオーブンで25分ほど焼く。

ヘルシーMEMO

【無糖のゆで小豆】

山清製。塩も砂糖も不使用、シンプルにやわらかくゆでただけの北海道産特別栽培小豆100％で、安心安全。

ココアで作る豆腐チョコレートケーキ

お豆腐をたっぷり使っているのに豆腐感がなく、チョコレートを使っていないのに
しっかり配合したココアで濃厚なチョコレート風味を存分に味わえます。
ブランデーの代わりにラム酒やグランマニエもおすすめです。

材料（21×16.5×3cmのバット1台分）

A 薄力粉…60g
　アーモンドパウダー…30g
　ココアパウダー…20g
　きび砂糖…35g
　ベーキングパウダー…小さじ1
B 絹ごし豆腐…100g
　はちみつ…20g
　植物油…50g
　卵…1個
　ブランデー…15g
　塩麹…5g

下準備

・卵は室温に戻す。
・バットにオーブンシートを敷く。
・オーブンを170℃に温める。

作り方

1. ポリ袋にAを入れ（ココアパウダーは茶こしなどを通してダマを除く）、袋の口をねじってしっかりと閉じ、よく振ってふるい合わせる。

2. カップにBを表記の順に入れ、フォークで豆腐をつぶしながら、できるだけなめらかになるようにその都度よく混ぜ、1に加える。

3. 袋の口をねじってしっかりと閉じ、振り混ぜて材料をなじませた後、袋の外側から生地を揉み混ぜて、まんべんなくなめらかな状態にする。

4. 袋の隅をキッチンばさみで切って生地をバットに入れ、菜箸やスプーンで全体に広げる。170℃のオーブンで20～23分焼く。

POINT

塩の代わりに塩麹を使用します。塩麹の塩気と旨みが甘さを引き立ててくれるから、奥行きのある複雑な味わいのチョコレートケーキに。

ボウルで作る場合は

① ボウルに豆腐ときび砂糖を入れ、泡立て器でなめらかになるまで混ぜる。植物油、卵、はちみつ、ブランデー、塩麹も加えてなめらかになるまで混ぜる。

② 薄力粉、アーモンドパウダー、ココアパウダー、ベーキングパウダーをふるい入れ、なめらかに混ぜる。

③ ゴムベラでバットに入れ、以降、ポリ袋で作るプロセス4と同様に焼く。

バナナ×ラムレーズンの
レアチョコレートデザート

chocolate dessert

なめらかな絹ごし豆腐に、とろりと柔らかなバナナが入ることと、
湯煎でしっとり焼き上げることで、焼き菓子ではないみたいなレアな食感が生まれます。
レーズンにしみたラム酒の香りも、お菓子をおいしくする大切な要素です。

材料（直径7cmのココット型6個分）

A 薄力粉…20g
　ココアパウダー…20g
　きび砂糖…35g
　塩…ひとつまみ
B 絹ごし豆腐…120g
　はちみつ…20g
　植物油…20g
　卵…1個
　豆乳…20g
バナナ…1本（90〜100g）
ラムレーズン…約30g

下準備

・卵は室温に戻す。
・オーブンを160℃に温める。

作り方

1　ポリ袋にAを入れ（ココアパウダーは茶こしなどを通してダマを除く）、袋の口をねじってしっかりと閉じ、よく振ってふるい合わせる。

2　カップにBを表記の順に入れ、フォークで豆腐をつぶしながら、できるだけなめらかになるようにその都度よく混ぜ、1に加える。

3　袋の口をねじってしっかりと閉じ、振り混ぜて材料をなじませた後、バナナをちぎって加える。袋の口をしっかりとねじって閉じ、袋の外側からバナナをつぶしながら生地を揉み混ぜて、まんべんなくなめらかな状態にする。

4　袋の隅をキッチンばさみで切って生地をココットに入れ、ラムレーズンを適量ずつ入れる。菜箸でぐるっと混ぜてなじませる。天板に並べて160℃のオーブンに入れ、熱湯（分量外）をココットの高さ1/3〜半分くらいまで注ぎ、18分ほど湯煎焼きにする。粗熱がとれたら冷蔵庫で冷やす。

PROCESS

85

Chapter 4
ヘルシークリームで まったりと幸せな ケーキ、マフィン、スコーン

粉の焼き菓子をふんわり泡立てた生クリームと一緒にいただく幸福感は
ことのほか大きい。かといって摂りすぎてしまうのも、それはそれで
体のことを考えると心配に。そこで、豆腐とヨーグルトの出番です。
豆腐とヨーグルトで作るクリームの味わいは
生クリームのおいしさとはまた違ったタイプのものだけれど、
クリーム大好きなダイエット中の人にも、ギルトフリーな
トロリとなめらかな舌触りに、きっと満足してもらえるはず。
クリームをのせる焼き菓子は、Chapter 1～3で
ご紹介したものをお好みでチョイスしても。

※豆腐クリーム、ヨーグルトクリームに使用するきび砂糖は、ラカント(顆粒)等ダイエットシュガーに置き換えてもOKです。

88　Chapter 4　ヘルシークリームでまったりと幸せな ケーキ、マフィン、スコーン

ヘーゼルナッツのケーキ＋コーヒー豆腐クリーム

ヘーゼルナッツが個性的に香るナッティなケーキに、芳醇なコーヒーとラム酒の強さで
豆腐感の気にならない豆腐クリームを塗り広げました。ケーキは大豆粉と米粉、
それぞれをベースにしたレシピもご紹介しますので、お好みに合わせて焼いてみてください。

材料（21×16.5×3cmのバット1台分）

A 薄力粉…75g
　ヘーゼルナッツパウダー…30g
　ベーキングパウダー…小さじ1
　きび砂糖…45g　塩…ひとつまみ
B 卵…1個　植物油…50g
　ヨーグルト…60g　牛乳…50g
ピスタチオナッツ（刻んだもの）…適量

大豆粉で作る場合

A 大豆粉…50g
　ヘーゼルナッツパウダー…30g
　ベーキングパウダー…小さじ1
　きび砂糖…45g　塩…ひとつまみ
B 卵…2個　植物油…50g
　ヨーグルト…50g　牛乳…25g

米粉で作る場合

A 米粉…75g
　ヘーゼルナッツパウダー…30g
　ベーキングパウダー…小さじ1
　きび砂糖…45g　塩…ひとつまみ
B 卵…1個　植物油…50g
　ヨーグルト…50g　牛乳…50g

下準備（共通）

・卵は室温に戻す。
・バットにオーブンシートを敷く。
・オーブンを170℃に温める。

作り方

1. ポリ袋にAを入れ、袋の口をねじってしっかりと閉じ、よく振ってふるい合わせる。
2. カップにBを入れ、フォークでよく混ぜ、1に加える。
3. 袋の口をねじってしっかりと閉じ、振り混ぜて材料をなじませた後、袋の外側から生地を揉み混ぜて、まんべんなくなめらかな状態にする。
4. 袋の隅をキッチンばさみで切って生地をバットに入れ、菜箸やスプーンで全体に広げ、170℃のオーブンで23分ほど焼く。
5. 下記のコーヒー豆腐クリームを、ヘーゼルナッツのケーキが冷めたら表面に塗り、ピスタチオナッツを散らす。

コーヒー豆腐クリーム

材料（作りやすい分量）

絹ごし豆腐…150g（水切りして120g用意する）
植物油…15g　きび砂糖…10g
インスタントコーヒー…小さじ2　ラム酒…小さじ1

1. 小鍋に豆腐、かぶるくらいの水（分量外）を入れ、中火にかける。沸騰したら弱火にして10分ほど煮る。キッチンペーパーを敷いたザルに豆腐を取り、そのまま冷ます。
2. 豆腐の水気をキッチンペーパーでふき、残りの材料と合わせてハンディブレンダーやフードプロセッサーなどで攪拌し、なめらかなクリーム状にする。冷蔵庫に入れておく。

※冷蔵庫で2日ほど保存可能。冷えると少し固まるので、スプーンなどでなめらかに混ぜ返して使用する。

PROCESS

①-a
①-b
①-c
②-a
②-b
②-c

プレーンマフィン＋いちご豆腐クリーム

ごくシンプルなプレーンマフィンにぽってりとクリームをのせ、かわいいいちごひと粒とエディブルフラワーを華やかに飾って、レディライクな2種類仕上げに。豆腐クリームのピーチリキュールは必須ではないけれど、あればおいしさが格段にアップします。

材料（直径7cmのマフィン型6個分）

A 薄力粉…110g
　ベーキングパウダー…小さじ1
　きび砂糖…45g
　塩…ひとつまみ
B 卵…1個
　植物油…50g
　ヨーグルト…60g
　牛乳…50g
いちご、エディブルフラワー…各適量

下準備

・卵は室温に戻す。
・マフィン型にグラシンカップを敷く。
・オーブンを170℃に温める。

作り方

1. ポリ袋にAを入れ、袋の口をねじってしっかり閉じ、よく振ってふるい合わせる。
2. カップにBを入れてフォークでよく混ぜ、1に加える。
3. 袋の口をねじってしっかりと閉じ、振り混ぜて材料をなじませた後、袋の外側から生地を揉み混ぜて、まんべんなくなめらかな状態にする。
4. 袋の隅をキッチンばさみで切って生地を型に入れ、170℃のオーブンで23分ほど焼く。マフィンが冷めたら下記のいちご豆腐クリームをのせ、いちご、エディブルフラワーを飾る。

PROCESS

4-a / 4-b

いちご豆腐クリーム

材料（作りやすい分量）

絹ごし豆腐…150g
（水切りして120g用意する▶P.89）
植物油…15g　いちごジャム…大さじ2
きび砂糖…大さじ1
レモン果汁…小さじ1/2
ピーチリキュール…小さじ1（あれば）

① 小鍋に豆腐、かぶるくらいの水（分量外）を入れ、中火にかける。沸騰したら弱火にして10分ほど煮る。キッチンペーパーを敷いたザルに豆腐を取り、そのまま冷ます。

② 豆腐の水気をキッチンペーパーでふき、残りの材料と合わせてハンディブレンダーやフードプロセッサーなどで撹拌し、なめらかなクリーム状にする。冷蔵庫に入れておく。

※冷蔵庫で2日ほど保存可能。冷えると少し固まるので、スプーンなどでなめらかに混ぜ返して使用する。

91

92　Chapter 4　ヘルシークリームでまったりと幸せな ケーキ、マフィン、スコーン

クリームチーズ入りスコーン+抹茶豆腐クリーム

スコーンの生地にはクリームチーズが練り込まれているので、
そのまま食べてもまったりとしたコクのあるおいしさです。
さらにお抹茶味の豆腐クリームをサンドしてみたら絶妙なマッチングになりました。

材料（8個分）

A 薄力粉…120g
　きび砂糖…20g
　ベーキングパウダー…小さじ1
　塩…ひとつまみ
B 牛乳…40g
　植物油…40g
クリームチーズ…50g

下準備

・クリームチーズは小さな角切りにする。
・天板にオーブンシートを敷く。
・オーブンを180℃に温める。

作り方

1. ポリ袋にAを入れ、袋の口をねじってしっかりと閉じ、よく振ってふるい合わせる。
2. カップにBを入れてフォークでよく混ぜ、1に加える。クリームチーズも加える。
3. 袋の口をねじってしっかりと閉じ、振り混ぜる。大きなかたまりがゴロゴロとできるくらい～ほぼまとまるくらいになれば、ポリ袋の中で生地を2つ折りにしてはのすことを数回繰り返しながら、約8×15cmの長方形に形作る。
4. 袋をシート状にキッチンばさみで切り開き、形を整えて、包丁で8等分する。天板に並べ、180℃のオーブンで13分ほど焼く。冷めたら上下に2等分し、抹茶豆腐クリームを挟む。

抹茶豆腐クリーム

材料（作りやすい分量）

絹ごし豆腐…150g
（水切りして120g用意する▶P.89）
抹茶…5g　植物油…20g
きび砂糖…20g　ブランデー…小さじ1

① 小鍋に豆腐、かぶるくらいの水（分量外）を入れ、中火にかける。沸騰したら弱火にして10分ほど煮る。キッチンペーパーを敷いたザルに豆腐を取り、そのまま冷ます。
② 豆腐の水気をキッチンペーパーでふき、残りの材料と合わせてハンディブレンダーやフードプロセッサーなどで撹拌し、なめらかなクリーム状にする。冷蔵庫に入れておく。

※冷蔵庫で2日ほど保存可能。冷えると少し固まるので、スプーンなどでなめらかに混ぜ返して使用する。

PROCESS

4-a

4-b

4-c

シナモンの豆腐ロールスコーン + ラムヨーグルトクリーム

シナモンでくるくるの渦巻きを
作ったチャーミングな
スコーンに、はちみつで
やさしい甘さの
ヨーグルトクリームを
組み合わせました。
クリームにはラム酒も少し加えて
変化をつけています。

材料（9個分）

A 薄力粉…120g　きび砂糖…15g
　ベーキングパウダー…小さじ1
B 絹ごし豆腐…45g　植物油…40g
　酢…小さじ1/3　塩麹…5g
シナモンパウダー…小さじ1
きび砂糖…小さじ1

下準備

・天板にオーブンシートを敷く。
・オーブンを180℃に温める。

作り方

1. ポリ袋にAを入れ、袋の口をねじってしっかりと閉じ、よく振ってふるい合わせる。
2. カップにBを表記の順に入れ、フォークでできるだけなめらかになるまでその都度よく混ぜ、1に加える。
3. 袋の口をねじってしっかりと閉じ、振り混ぜる。大きなかたまりがゴロゴロとできるくらい〜ほぼまとまるくらいになれば、生地を軽く揉み混ぜてなめらかにし、ひとまとめにする。袋の上からめん棒で24×13cm程度の長方形にのばす。
4. 袋をキッチンばさみで切り開き、シナモンパウダーときび砂糖をふり、手前からくるくると巻く。巻き終わりを軽くつまんで閉じ、包丁で9等分する。形を整えながら天板に並べ、180℃のオーブンで12〜15分焼く。ラムヨーグルトクリームを添えていただく。

ラムヨーグルトクリーム

材料（作りやすい分量）

ヨーグルト…200g（水切りして120g用意する）
植物油…10g　きび砂糖…15g　ラム酒…小さじ1/2〜1

① ボウルなどにザルを入れ、キッチンペーパーを敷いてヨーグルトを入れる。冷蔵庫に一晩置いて水切りする。
② ①と残りの材料のすべてをよく混ぜ、クリーム状にする。冷蔵庫に入れておく。

※冷蔵庫で2日ほど保存可能。スプーンなどでなめらかに混ぜ返して使用する。

ポピーシードの豆腐ケーキ +レモンヨーグルトクリーム +アプリコットジャム

レモンの酸味が軽やかな、
とても食べやすいクリームです。
ポピーシードのケーキと
相性のよいアプリコットジャムで
マーブル模様を大胆に描いて。
濃厚なギリシャヨーグルトを
使えば、水切りなしで作れます。

材料
（21×16.5×3cmのバット1台分）

A 薄力粉…65g
　アーモンドパウダー…30g
　ベーキングパウダー…小さじ1
　きび砂糖…45g　塩…ひとつまみ
　ブルーポピーシード…10g
B 絹ごし豆腐…80g　植物油…50g
　卵…1個　レモン果汁…小さじ1
アプリコットジャム…適量

下準備
・卵は室温に戻す。
・バットにオーブンシートを敷く。
・オーブンを170℃に温める。

作り方

1. ポリ袋にAを入れ、袋の口をねじってしっかりと閉じ、よく振ってふるい合わせる。
2. カップにBを表記の順に入れ、フォークでできるだけなめらかになるまでその都度よく混ぜ、1に加える。
3. 袋の口をねじってしっかりと閉じ、振り混ぜて材料をなじませた後、袋の外側から生地を揉み混ぜて、まんべんなくなめらかな状態にする。
4. 袋の隅をハサミで切って生地をバットに入れ、菜箸やスプーンで全体に広げる。170℃のオーブンで23分ほど焼く。冷めたらレモンヨーグルトクリームを表面に塗ってアプリコットジャムを散らし、菜箸でぐるっと混ぜてマーブル模様を作る。

レモンヨーグルトクリーム

材料（作りやすい分量）

ヨーグルト…200g（水切りして120g用意する）
植物油…10g　きび砂糖…15g　レモン汁…10g

① ボウルなどにザルを入れ、キッチンペーパーを敷いてヨーグルトを入れる。冷蔵庫に一晩置いて水切りする。
② ①と残りの材料のすべてをよく混ぜ、クリーム状にする。冷蔵庫に入れておく。

※冷蔵庫で2日ほど保存可能。スプーンなどでなめらかに混ぜ返して使用する。

稲田多佳子（いなだ・たかこ）

京都生まれの京都育ち。ウエブサイト「caramel milk tea」に毎日アップされるお菓子の写真とエッセイが評判を呼び、レシピ本を多数出版。特に、主婦目線で考案されたボウル一つで作るさまざまな焼き菓子は、だれでも失敗なく作れておいしいことから、初心者はもちろん、多くのお菓子好きの心を魅了する。現在も、特別な道具がなくても気軽にポリ袋で作れるお菓子をはじめ、お菓子や料理に関する研究を日々続けながら、年に数冊のペースで本づくりをしている。近著に『ポリ袋でつくる たかこさんの焼き菓子』（誠文堂新光社）など。
http://takako.presen.to/
Instagram takakocaramel

STAFF

撮　　影／疋田千里、稲田多佳子
デザイン／中山詳子（松本中山事務所）
イラスト／松本孝志（松本中山事務所）
企画編集／株式会社 童夢
撮影協力／UTUWA
材料協力／マルコメ 株式会社（https://www.marukome.co.jp/）、
　　　　　株式会社 富澤商店（https://tomiz.com/）

糖質オフ・アレルギーでも！
材料を混ぜて焼くだけのかんたん・おなか満足レシピ

ポリ袋でつくる たかこさんのマフィン・スコーン・パン

2019年10月12日　発　行　　　　　　　　　　NDC596

著　者　稲田多佳子
発行者　小川雄一
発行所　株式会社 誠文堂新光社
　　　　〒113-0033 東京都文京区本郷3-3-11
　　　　［編集］電話 03-5805-7285
　　　　［販売］電話 03-5800-5780
　　　　http://www.seibundo-shinkosha.net/

印刷・製本　図書印刷 株式会社

©2019, Takako Inada.
Printed in Japan
検印省略
本書記載の記事の無断転用を禁じます。
万一落丁・乱丁本の場合はお取り替えいたします。

本書のコピー、スキャン、デジタル化等の無断複製は、著作権法上での例外を除き、禁じられています。本書を代行業者等の第三者に依頼してスキャンやデジタル化することは、たとえ個人や家庭内での利用であっても著作権法上認められません。

 ＜（一社）出版者著作権管理機構　委託出版物＞

本書を無断で複製複写（コピー）することは、著作権法上での例外を除き、禁じられています。本書をコピーされる場合は、そのつど事前に、（一社）出版者著作権管理機構（電話 03-5244-5088／FAX 03-5244-5089／e-mail：info@jcopy.or.jp）の許諾を得てください。

ISBN978-4-416-71906-0